Guía básica de BSD para usuarios de Windows

Esta es una aproximación para que rompa el hábito de dependencia de Windows. Descubra el poder de su computadora con PC-BSD, el sistema operativo gratuito que es fácil de aprender y usar, basado en FreeBSD. Cambie su sistema operativo actual a PC-BSD siguiendo unos sencillos pasos.

Por José Juan Hernández García

2010

Licencia.

El autor ha realizado todos los esfuerzos posibles para garantizar que la documentación aportada sea correcta, no obstante puede contener errores de los que no se responsabiliza y de los que se exime de su responsabilidad.

Todos los nombres propios de programas, sistemas operativos, equipos hardware, logotipos, etc., que aparecen en este libro son marcas registradas de sus respectivas compañías u organizaciones.

Primera edición

© 2010, José Juan Hernández García

Publicado por Lulu.com, www.lulu.com

ISBN: 978-1-4461-6662-8

Enlace: http://stores.lulu.com/jjuanhdez

"There are two major products that came out of Berkeley: LSD and BSD. We don't believe this to be a coincidence."
— Jeremy S. Anderson

Tabla de contenido

1. Introducción

El objetivo de este texto es mostrar que se puede tener instalado un sistema BSD en su computadora de escritorio (*desktop*) y sacarle todo el provecho. La guía es meramente orientativa, pero de ninguna manera técnica. Aquellos que han utilizado Microsoft Windows recordarán que alguna vez también fue algo desconocido. De manera que eso desconocido que hoy es BSD puede transformarse también en algo conocido y utilizable.

Para poder comprender esta guía no es necesario tener una gran experiencia, los requisitos son sencillos: saber utilizar el *mouse*, el teclado, manipular ventanas, abrir y guardar archivos, haber utilizado programas tipo Office y otras aplicaciones similares. Es decir, es necesario que el/la lector/a alguna vez haya usado la computadora con un sistema de ventanas al estilo Windows, y si ha utilizado DOS alguna vez, también le será de utilidad.

BSD recibe su nombre de la Universidad de Berkeley, en California (de hecho, sus siglas significan *Berkeley System Distribution*), y denomina a una rama del sistema operativo Unix desarrollada en dicho centro académico. Diferentes versiones de esta rama han llegado hasta nuestros días (FreeBSD, NetBSD, OpenBSD y toda una serie de derivados indirectos como Mac OS X, que basa su núcleo en este sistema). No obstante, y al contrario que su "primo" GNU/Linux, BSD no tiene tanta predicación en el sector de usuario final, e incluso es relativamente desconocido entre muchos profesionales del mundo de la informática. Esto puede ser debido a que normalmente los sistemas BSD acostumbran a ser "duros" de instalar, no contando con herramientas como las desarrolladas para facilitar ese primer contacto -por otra parte ineludible- como se ha hecho en Windows y algunas distribuciones GNU/Linux.

Para limar estas "asperezas" y contribuir a la expansión de este sistema tan robusto existe una distribución basada en FreeBSD, llamada **PC-BSD**, que añade diversos elementos que facilitan su instalación y uso como sistema de escritorio.

El primer elemento es un instalador gráfico, que facilita en gran medida a los usuarios finales la instalación de este sistema, y que no tiene nada que envidiar a los instaladores de GNU/Linux, Windows, Mac OS X u otros sistemas operativos. Como todos ellos, se basa en un asistente por pasos mediante el cual se puede configurar la partición del disco duro en la que se instalará el sistema, el cargador a utilizar o dar los datos personales para configurar el usuario.

A parte de la instalación gráfica y simplificada, otra de las premisas de esta distribución es proporcionar un conjunto minimalista de software con el que se pueda acometer cualquier tarea. A diferencia de las tradicionales *distros* de Linux, PC-BSD no instala muchos programas en la computadora del usuario.

PC-BSD es un sistema operativo libre cuya meta es facilitar su utilización al usuario. Como cualquier otro sistema moderno actual, podrás escuchar tu música favorita, ver tus películas, trabajar con tus documentos de oficina e instalar tus aplicaciones favoritas con un solo clic gracias a nuestro instalador.

El entorno de escritorio elegido es KDE que, junto con GNOME, ha obtenido el reconocimiento como uno de los GUI's más completos para sistemas Unix.

El empaquetamiento del software para PC-BSD es igual que los .exe de Windows o los dmg de Mac OS X. Se enjaula las librerías en un solo paquete, y tiene un instalador similar a cualquier *win installer*, dispone de soporte multimedia por defecto y drivers de tarjetas ATI y Nvidia

Aun así, *BSD soporta mucho menos hardware que Linux y hay software como el *plugin* para Flash que es el de GNU/Linux emulado en *BSD, así ocurre con otro software en *BSD que funciona emulado y no en modo nativo.

¿Quién puede decir que no usó nunca BSD? La realidad es que son muy pocos porque BSD está por todas partes, no tanto como sistema operativo completo sino que como contribuciones a la industria: *stack* TCP/IP (el de Windows está basado en la versión BSD), OpenSSH, OpenSSL, etc. Sistemas operativos de ambientes de seguridad (JunOS de Juniper, IPSO de Nokia) están basados también en FreeBSD.

Actualmente, los *BSD se usan principalmente en ambientes de redes, como cortafuegos, *routers*, servidores web y correo-e pero su potencial es mucho más amplio. Estos sistemas vienen de una tradición de calidad y de creatividad y que apuntan siempre a 3 metas principales: simplicidad, escalabilidad y rendimiento. En el caso de OpenBSD, todo código integrado al sistema pasa por un análisis profundo, que causa un desarrollo más lento pero correcto desde el principio.

2. Convenciones

En Unix se siguen muchas convenciones, que en *BSD obviamente se respetan. Es bueno conocerlas, no sólo para estar más familiarizado con el entorno, sino porque ayuda a desenvolverse a la hora de buscar información.

2.1. Sistema de ficheros. Árbol de directorios

La jerarquía del sistema de ficheros de *BSD es fundamental para obtener una compresión completa del sistema. El sistema de ficheros es una gran estructura de directorios. No existe (a nivel lógico) ninguna separación entre discos o **particiones**, solo existe un gran sistema de ficheros. Todos los discos adicionales deben ser integrados en la estructura ya existente. Esto se consigue montando cada partición como un subdirectorio del sistema de ficheros. Una partición puede ser montada sobre cualquier directorio existente.

El concepto más importante a entender es el del **directorio raíz**, "/". Este directorio es el primero en ser montado en el arranque y todo el resto de directorios son subdirectorios suyos. También contiene puntos de montaje para cualquier otro sistema de ficheros que se pretenda montar. Como mínimo, se necesita configurar un espacio para el directorio raíz y otro espacio de *swap*.

Veamos una descripción de los directorios más comunes:

o / – el directorio raíz del sistema de ficheros.

o /bin/ – directorio de utilidades para el usuario, ficheros binarios.

o /boot/ – programas y ficheros de configuración necesarios durante el arranque del sistema operativo *BSD.

o /boot/defaults/ – ficheros de configuración por omisión del arranque.

o /dev/ – los ficheros nodos de dispositivo, esto es, los ficheros virtuales que representan a los dispositivos físicos de la computadora.

o /etc/ – guarda los ficheros de configuración y *scripts* del sistema.

o /home/ – es el directorio "raíz" de donde cuelgan los directorios principales de los usuarios del sistema (todos excepto el root).

o /mnt/ – directorio vacío utilizado normalmente como punto de montaje de otros dispositivos.

o /proc/ – sistema de ficheros de procesos.

o /rescue/ –programas enlazados estáticamente para restauraciones de emergencia.

o /root/ – directorio local del superusuario root.

o /sbin/ – ficheros ejecutables de administración del superusuario root. Programas del sistema y utilidades fundamentales de administración para ambientes monousuario y multiusuario

o /swap/ – espacio de intercambio.
No necesitas especificar un punto sobre el cual montar esta partición, ya que las particiones de *swap* no son accesibles desde el sistema de ficheros. Debería ocupar al menos el doble de la cantidad de RAM instalada en tu sistema.

o /tmp/ – ficheros temporales del sistema. Su contenido no suele conservarse después de un reinicio del sistema.

o /usr/ – donde están las utilidades y aplicaciones (que usan, no sus directorios personales) de los usuarios. El directorio *Unix System Resources* normalmente es el que más espacio ocupa en el disco.

o /usr/bin/ –aplicaciones comunes, herramientas de programación y otras aplicaciones.

o /usr/lib/ –las bibliotecas del sistema, ya sean bibliotecas de funciones, de imágenes, sonidos, iconos, etc.

o /usr/local/ – ejecutables locales, bibliotecas, etc., también se usa como destino por omisión de la infraestructura de *ports* de *BSD.

o /usr/ports/ – la colección de *ports* de *BSD.

o /usr/sbin/ – *dæmons* del sistema y utilidades del sistema (ejecutados por usuarios del sistema).

o /usr/share/ – ficheros independientes de la arquitectura.

o /usr/src/ – los ficheros fuente de las aplicaciones.

o /var/ – alberga los archivos "variables", esto es, ficheros multipropósitos de log, temporales, en tránsito, de *spool* de la impresora y correo, etc.

2.2. Ficheros "ocultos"

En Unix, los ficheros que empiezan por el carácter '.' se consideran ocultos. Así, cuando hacemos un ls, no aparecen. Esto es muy útil para guardar ficheros de configuración en las cuentas de los usuarios.

Para poder verlos, tenemos que especificar la opción -a a ls, o bien elegir la opción apropiada en nuestro gestor de archivos preferido.

3. Nociones de particiones y *slices* del disco duro

Los sistemas Windows y GNU/Linux ven las particiones de una manera muy simple. En cambio la noción de partición es más compleja en *BSD.

¿Qué es una **partición**? En resumen, es la división virtual de un disco duro (interno o externo) en varios discos duros más pequeños.

3.1. Las particiones bajo Windows y GNU/Linux

La única diferencia entre Windows y GNU/Linux reside en la forma en que se le dan el nombre a las particiones.

o Windows utiliza letras (razón por la cual hay un cierto límite en el número de particiones).

o GNU/Linux utiliza una combinación de letras y números, donde las letras sólo indican el tipo de hardware (p.e., HD para un disco duro interno, SD para un disco SCSI).

3.2. Las particiones bajo sistemas BSD

Los sistemas BSD requieren de una partición que luego será dividida en **slices**[1] (porciones).

La partición, desde el punto de vista tradicional de Windows y Linux, contiene al sistema operativo BSD, el cual es dividido en varias porciones (*slices*). Por lo general, de este modo se aparta: / (raíz), /usr, /var, /tmp, /home y el swap. Cada porción se diferencia por una letra.

Pero el nombre de las porciones varía entre NetBSD, OpenBSD, FreeBSD. Para una información detallada al respecto, mejor ver la documentación dedicada al sistema BSD correspondiente ;-)

Este sistema de división – partición dividida en *slices* – de BSD puede parecer difícil de administrar ya que los sistemas operativos que no están basados en BSD sólo detectan una única partición y nunca *slices* BSD.

---

[1] *Slice* o porción es el término en BSD para lo que comúnmente conocemos como partición. Pero, el término *partición* no significa aquí lo mismo que en otros entornos (por ejemplo, partición MS-DOS), y de nuevo, esto se debe a la herencia Unix de *BSD. Cada partición puede contener solamente un sistema de ficheros.

4. Manejo de ficheros foráneos

*BSD, aparte de tener un sistema de ficheros mejor que muchos otros, también permite, para comodidad de sus usuarios, "fisgonear" en discos duros con otros formatos, como el FAT/VFAT (el de MS-DOS y primeros Windows), el NTFS (el de Windows NT/XP/Vista/7), muchos otros de Unix, el de OS/2, el sistema de ficheros de los CD/DVD-ROM, etc.

La forma que tienen los Unix en general de hacer esto es montando los discos duros foráneos a partir de un subdirectorio especificado. Por ejemplo, puede tenerse en un disco duro de *BSD un subdirectorio vacío, llamado /dos, donde montar el disco duro con formato FAT. Una vez montado, todo el disco duro de MS-DOS "aparece" a partir de ese subdirectorio, o sea, que "de pronto", existen los subdirectorios /dos/dos, /dos/utilidad, /dos/windows, etc., que originalmente, bajo MS-DOS, son C:\DOS, C:\UTILIDAD, C:\WINDOWS,... Y, por supuesto, se pueden modificar, no sólo leer.

La unidad más pequeña que *BSD utiliza para ubicar ficheros es el **nombre de fichero**. Los nombres de fichero son sensibles a las mayúsculas, lo que significa que readme.txt y README.TXT son dos ficheros distintos. *BSD no utiliza la extensión (.txt) de un fichero para determinar si él es un programa, o un documento o alguna otra forma de datos.

Los ficheros se almacenan en directorios. Un **directorio** puede estar vacío o contener cientos de ficheros. Un directorio también puede contener otros directorios (subdirectorios), construyendo así una jerarquía de directorios. Esto hace mucho más fácil la organización de los datos.

Para referirse a los ficheros o a los directorios se usa el nombre del archivo o del directorio, seguido por una barra, /, seguido por cualquier otro nombre de directorio que sea necesario. Si tiene un directorio tal, el cual contiene el directorio cual, el cual contiene el fichero readme.txt, entonces el nombre completo o *ruta* del fichero es tal/cual/readme.txt.

Los directorios y ficheros se almacenan en un sistema de ficheros. Cada sistema de ficheros contiene un sólo directorio en el nivel más elevado, que es el **directorio raíz** de ese sistema de ficheros. Este directorio raíz puede contener otros directorios.

Lo visto hasta ahora probablemente sea similar a cualquier otro sistema operativo que pueda haber utilizado, pero hay unas cuantas diferencias; por ejemplo, MS-DOS® utiliza "\" para separar nombres de fichero y directorio, mientras que Mac OS® utiliza ":" y *BSD utiliza "/"

*BSD no utiliza letras de unidades, u otro nombre de unidad en la ruta. Por tanto, no podrá escribir c:/tal/cual/readme.txt en *BSD.

En *BSD, en cambio, un sistema de ficheros recibe el nombre de *sistema de ficheros raíz*. El directorio raíz del sistema de ficheros raíz se representa como "*/*". Cualquier otro sistema de ficheros, por tanto, se *monta* bajo el sistema de ficheros raíz. No importa cuántos discos tenga en su sistema BSD, cada directorio parecerá ser parte del mismo disco.

*BSD también utiliza espacio de disco como *espacio de intercambio (swap)*. El espacio de intercambio le brinda a *BSD *memoria virtual*. Esto le permite a su sistema comportarse como si tuviera más memoria de la que realmente tiene. Cuando a *BSD se le agota la memoria mueve algunos de los datos que no están siendo utilizados en ese momento al espacio de intercambio, y los mueve de regreso (desplazando alguna otra cosa) cuando los necesita.

4.1. Los nombres de los dispositivos en BSD

En un sistema BSD todo, absolutamente todo, está representado por un archivo, aún los dispositivos de hardware, esto se hace para lograr una mayor abstracción. Y por convenio están en el directorio /dev/.

Convenciones para nombrar los dispositivos físicos:

Tipo de unidad	Nombre de dispositivo de la unidad
Discos duros ATAPI (IDE)	ad
Unidades CD-ROM IDE	acd
Discos duros SCSI y dispositivos de almacenamiento masivo USB	da
Unidades de disquete (*floppy*)	fd
Unidades de cinta SCSI	sa
Unidades de cinta IDE	ast

Cada "partición que contiene un sistema de ficheros" se almacena en una *slice* (porción). Los números de *slice* siguen al nombre de dispositivo, a los que se antepone una s, comenzando desde 1. Así, "da0s1" es la primera *slice* en la primera unidad SCSI. Sólo puede haber cuatro *slices* físicas en un disco, pero puede haber *slices* lógicas dentro de *slices* físicas del tipo apropiado. Estas *slices* extendidas se numeran a partir de 5, así que "ad0s5" es la primera *slice* extendida en el primer disco IDE.

Tanto las *slices* y las unidades físicas "peligrosamente dedicadas", como otras unidades contienen *particiones*, que se designan mediante letras desde a hasta h. Esta letra se añade al nombre del dispositivo, así que "da0a" es la partición a en la primera unidad da, la cual está "peligrosamente dedicada". "ad1s3e" es la quinta partición en la tercera *slice* de la segunda unidad de disco IDE.

Finalmente, cada disco en el sistema tiene también su designación. El nombre de disco comienza por un código que indica el tipo de disco, luego un número, indicando qué disco es. A diferencia de las *slices*, la numeración de discos comienza desde 0.

Cuando se hace referencia a una partición, BSD requiere que también se nombre la *slice* y el disco que contiene la partición, y al referirse a una *slice* también debe referirse al nombre del disco. Esto se hace listando el nombre de disco, s (*slice*), el número de *slice* y por último la letra de la partición.

Para poder instalar BSD debe primero configurar las particiones del disco, luego crear particiones dentro de la *slice* que utilizará para BSD y luego crear un sistema de ficheros (o espacio de intercambio, *swap*) en cada partición, y decidir dónde se van a montar esos sistemas de ficheros.

Ejemplo de nombres de disco, *slices* y partición

Nombre	Significado
ad0s1a	La primera partición (a) en el primer *slice* (s1) en el primer disco IDE (ad0)
da1s2e	La quinta partición (e) en el segundo *slice* (s2) en el segundo disco SCSI (da1)

5. Introducción a los sistemas Unix

5.1. El sistema Unix

El sistema **Unix** es un sistema operativo que admite múltiples usuarios, así como también múltiples tareas, lo que significa que permite que en un único equipo o multiprocesador se ejecuten simultáneamente varios programas a cargo de uno o varios usuarios. Este sistema cuenta con uno o varios intérpretes de comando (*shell*) así como también con un gran número de comandos y muchas utilidades (ensambladores, compiladores para varios idiomas, procesador de textos, correo electrónico, etc.) Además, es altamente portable, lo que significa que es posible implementar un sistema Unix en casi todas las plataformas de hardware.

Actualmente, los sistemas Unix se afianzaron en entornos profesionales y universitarios gracias a su estabilidad, su gran nivel de seguridad y el cumplimiento de estándares, especialmente en lo que se refiere a redes.

5.2. La historia de los sistemas Unix

El primer sistema "**Unix**" fue desarrollado en 1965 por Ken Thompson en los laboratorios de Bell AT&T en Murray Hill, Nueva Jersey, Estados Unidos. El objetivo de Ken Thompson era desarrollar un sistema operativo interactivo simple, denominado "Multics" (*Multiplexed Information and Computing System*, Sistema informático y de información multiplexado) de manera que pudiera ejecutar un juego que él mismo había creado (*Space Travel*, Viaje al espacio, una simulación de un sistema solar).

Luego, alrededor de *Multics* se formó un consorcio compuesto por el *MIT* (*Massachesetts Institute of Technology*), la compañía *General Electric Co.* y los laboratorios *Bell Labs*.

En abril de 1969 los laboratorios AT&T decidieron utilizar el *GECOS* (*General Electric Comprehensive Operating System*, Sistema Operativo Completo General Electric) en lugar de *Multics*. Sin embargo, Ken Thompson y Dennis Ritchie, quien se había unido al equipo, necesitaban hacer funcionar el juego *Space Travel* en una máquina más pequeña (un *DEC PDP-7*, *Procesador de Datos Programados* que sólo tenía una memoria de 4K para hacer que se ejecutaran los programas del usuario). Por este motivo, ellos rediseñaron el sistema para crear una versión limitada de *Multics*, denominada *UNICS* (*UNiplexed Information and Computing Service*, Servicio informático y de información uniplexado), convenientemente abreviado: *Unix*.

La fecha del 1 de enero de 1970 es considerada la fecha de nacimiento del sistema Unix, lo que explica por qué todos los relojes del sistema en los sistemas operativos de Unix comienzan con esta fecha.

Además de estas actividades, Dennis Ritchie jugó un papel muy importante en la definición del lenguaje C (es considerado uno de sus creadores junto con B. W. Kernighan). Así el sistema entero fue completamente reescrito en C en 1973 y se denominó *Unix Time-Sharing System*, Sistema de Tiempo Compartido Unix. Cuando el sistema pasó a la versión 7 en 1979, su desarrollo fue acompañado de notables modificaciones, tales como:

- o la extracción de las limitaciones relacionadas con el tamaño de los archivos,
- o mejor portabilidad del sistema (que opera en varias plataformas de hardware),
- o la inclusión de varias utilidades.

Un decreto que data del año 1956 impidió que la compañía AT&T, a la que pertenecía *Bell Labs*, comercializara cualquier otro producto que no fuesen teléfonos o equipos de telégrafo. Es por este motivo que se tomó la decisión, en el año 1973, de distribuir el código fuente de Unix en las universidades, con fines educativos.

Para fines del año 1977, investigadores de la Universidad de California desarrollaron otra versión Unix a partir del código fuente provisto por AT&T para poder ejecutar el sistema en su plataforma *VAX* y lo denominaron *BSD*.

De esta forma se conformaron dos ramas de desarrollo para el código fuente:

- o La rama de AT&T que se convertiría en **System V** de los *Laboratorios del Sistema UNIX* (USL)
- o La rama de **BSD**, desarrollada por la Universidad de California, Berkeley.

En 1977, AT&T puso el código fuente de Unix a disposición de otras compañías, a pesar de que se desarrollaron muchos sistemas similares a Unix:

- o **AIX** (*Advanced Interactive eXecutive*), Unix comercial basado en *UNIX System V* desarrollado por *IBM* desde 1986.
- o **HP-UX**, Unix comercial basado en *UNIX System V* y en *BSD* desarrollado por *Hewlett Packard* a partir de 1986.
- o **Solaris**, Unix comercial basado en *UNIX System V* y en *BSD* desarrollado inicialmente por *Sun Microsystems* y actualmente por *Oracle Corporation*.
- o **Tru64 UNIX**, Unix comercial, anteriormente conocido como *Digital UNIX* (1995-98) y antes como *DEC OSF/1 AXP* (1992-95) Actualmente pertenece a *HP*.

- o **SCO OpenServer**, Unix comercial basado en *UNIX System V* desarrollado por *SCO Group*. Originalmente SCO compró el sistema *Xenix* a *Microsoft*, surgió así *SCO UNIX* en 1989, que cambio de nombre a *OpenDesktop*, y posteriormente a *OpenServer*.

- o **UnixWare**, Unix comercial desarrollado inicialmente por *Univel* (1991-1993), tras sucesivas adquisiciones pasó por las manos de *Novell* (1993-1995), *Santa Cruz Operation* (1995-2001), hasta llegar a *Caldera Systems* (compañía llamada actualmente The SCO *Group*).

- o **ULTRIX**, Unix comercial basado en *BSD* y desarrollado por *Digital Equipment Corporation (DEC)*.

- o **IRIX**, Unix comercial desarrollado por *SGI*. Fue abandonado en 2006.

En 1983, AT&T tuvo el derecho de comercializar su Unix, lo que marcó la aparición del UIX System V, la versión comercial de su sistema Unix.

En 1985, un profesor holandés, Andrew Tannenbaum, desarrolló un sistema operativo mínimo denominado **Minix**, con el objetivo de poder enseñar a sus alumnos la programación de sistemas.

En 1991, un estudiante finlandés, Linus Torvalds, decidió diseñar, basándose en el modelo Minix, un sistema operativo capaz de ejecutarse en arquitecturas 386. Este sistema operativo se denominó "Linux" y mostraba el siguiente mensaje en el foro de discusión *comp.os.minix*:

```
Hola a todos los que están utilizando minix - Estoy
diseñando un sistema operativo gratuito (se trata
sólo de un pasatiempo, no será gigante y
profesional como gnu) para clones AT 386 (486).
```

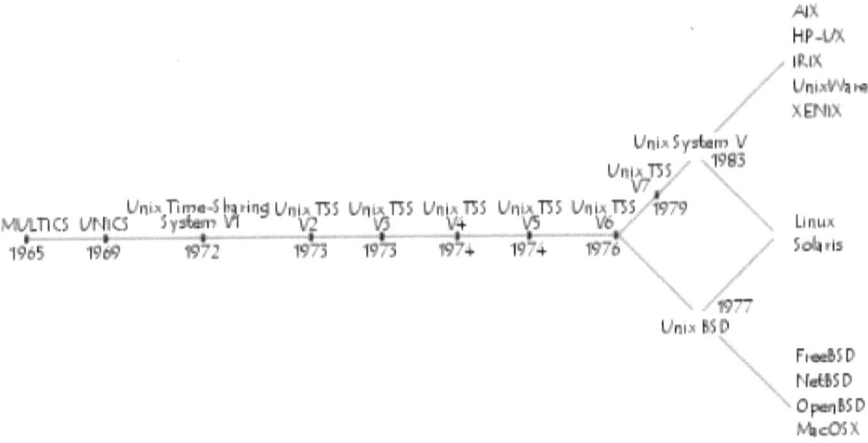

Diagrama no exhaustivo que muestra la apariencia general de los principales sistemas Unix

6. ¿Qué es BSD?

BSD son las iniciales de *Berkeley Software Distribution* (en español, Distribución de Software de Berkeley) y se utiliza para identificar un sistema operativo derivado del sistema operativo no libre Unix nacido a partir de los aportes realizados a ese sistema por la Universidad de California, Berkeley.

6.1. La historia de la familia BSD

Las primeras versiones de BSD datan de 1973 sobre máquinas PDP-11/45 en el departamento de Matemáticas y Estadística de la Universidad de California, Berkeley. Más tarde, en 1978 con la adquisición de un PDP-11/34s fue liberada la "Second Berkeley Software Distribution" 2BSD, y continuó ampliándose hasta la versión 2.11BSD que fue usado en centenares de PDP-11's.

En diciembre de 1979 Berkeley lanzó la versión 3BSD para VAX. A finales de 1979 DARPA (*Defense Advanced Research Projects Agency*) se interesó por 3BSD y esta fue mejorada para DARPA (*Defense Advanced Research Projects Agency*).

En octubre de 1980 fue liberada la 4BSD, y en junio de 1981 la 4.1BSD. A los dos años estaba pensado sacar la 5BSD, pero por una posible confusión entre el UNIX de AT&T (System V) y 5BSD se decidió usar el nombre de 4.2BSD que salió en agosto de 1983 con soporte de protocolos TCP/IP. Y alcanzó una gran popularidad, en 18 meses más de 1000 sitios compraron licencias de 4.2BSD.

Después de reescribir el código de *networking*, en junio de 1986 salió la 4.3BSD. Y en junio de 1988 se liberó la 4.3BSD-Tahoe para arquitecturas Power 6/32.

En junio de 1989 salió al mercado la Networking release 1 con licencia de código de AT&T, limitando a esta distribución a no usar parte de código que anteriormente siempre había incluido en sus distribuciones. Con el coste de las licencias de AT&T cada cinta llegaba a costar 1000$. Por esto Berkeley creo una licencia liberal por la cual se podía redistribuir su código o binarios, modificados o sin modificar, con la condición de que se respetara el copyright indicando que el código incluía código desarrollado por la Universidad de Berkeley.

En 1990 el CSRG decidió reescribir partes de código desde cero basándose en la 4.2BSD y sacando la 4.3BSD-Reno a principios de 1990.

Para la Networking Release 2 se reimplementaron cientos de aplicaciones y la librería C en el *kernel*. Salió a la venta en junio de 1991 con un precio de 1000$. Cumpliendo un acuerdo con AT&T eliminando 6 ficheros del *kernel*.

Seis meses después de la Networking Release 2, Bill Joy había escrito sustitutos para los 6 ficheros eliminados de la Netwoking Release 2, y pronto liberó una versión arrancable para arquitectura PC i386 llamada 386/BSD. **386/BSD Distribution** fue publicada casi entera en la red y era accesible para descargarla libremente desde FTP anónimo. Desafortunadamente Joy no tenía suficiente tiempo para mantener la distribución y un grupo la adoptó para mantenerla y mejorarla formando el grupo NetBSD.

En 1998 se cerró la distribución apareciendo **NetBSD** con sus pretensiones de seguir soportando las mayores arquitecturas posibles.

El grupo de **FreeBSD** se creó pocos después, dando soporte sólo a la arquitectura PC i386, mejorando la instalación y generando nuevos scripts de arranque, estaba basado en una modificación de RELEASE 2. Con la popularidad que estaba asumiendo GNU/Linux, el grupo de FreeBSD decidió incorporar al sistema una emulación Linux para poder ejecutar sus aplicaciones con la robustez, confiabilidad y funcionamiento de los sistemas FreeBSD.

A mediados de los 90 se creó el grupo **OpenBSD** creado por desarrolladores del grupo NetBSD y enfocándose hacia la seguridad del sistema.

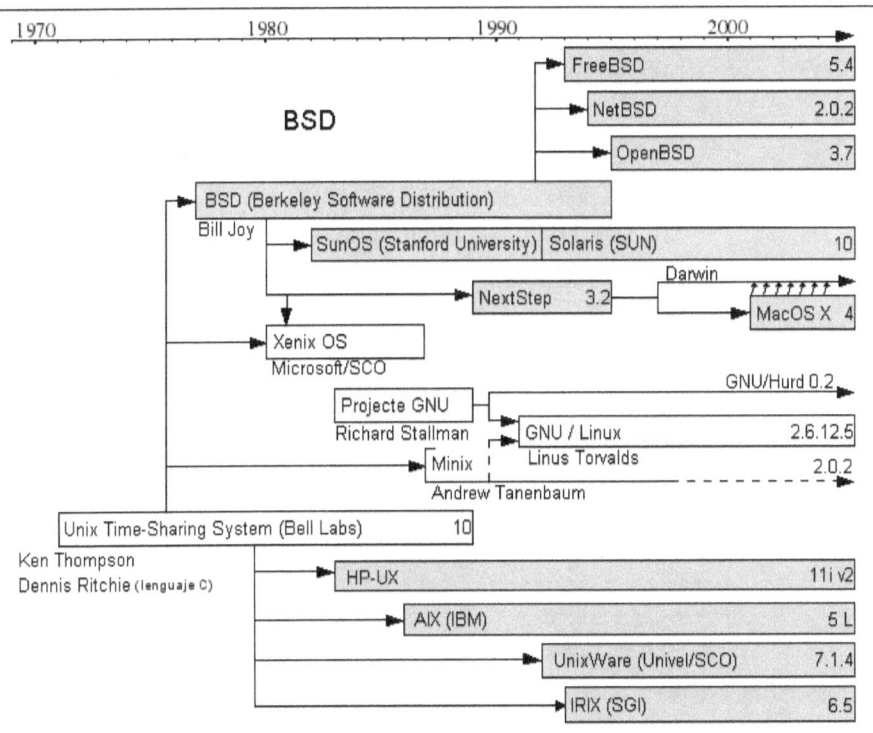

System III & V

Las diferentes variantes de Unix desde el lanzamiento de la primera en la década de los 70 y la posición de BSD en esta historia.

En 1994 y 1995 salieron las versiones 4.4BSD-LITE y 4.4BSD-Lite RELEASE 2 respectivamente, con una licencia que permitía su redistribución tanto en código fuente como en binarios, modificados o no, manteniendo los créditos de que era software desarrollado por la Universidad de California, Berkeley. Con la salida de 4.4BSD-LITE los proyectos BSDi, NetBSD y FreeBSD empezaron a cambiar su base, anteriormente basada en RELEASE 2, por 4.4BSD-LITE manteniendo el software e implantando las mejoras de cada proyecto.

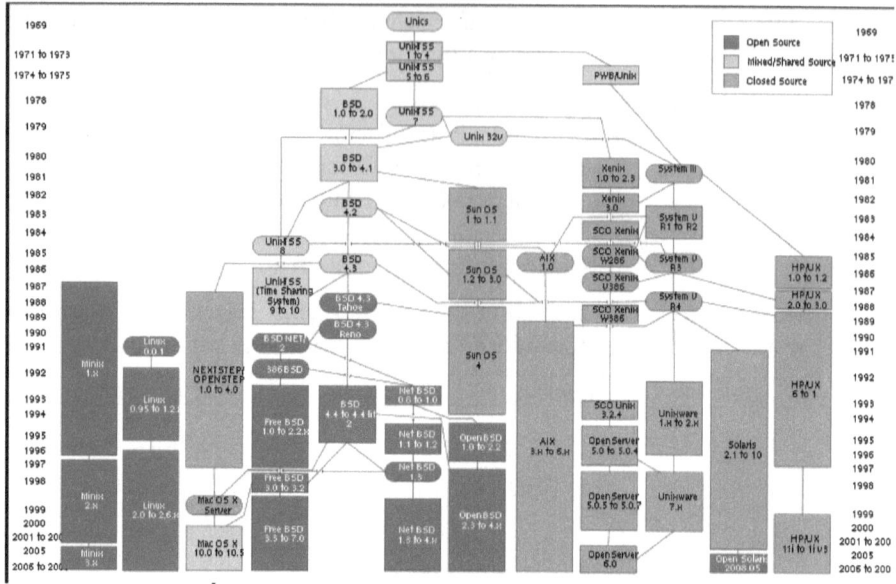

Árbol de descendencia de sistemas Unix

Un sistema operativo BSD completo incluye:

- El *kernel* BSD, que se encarga de la programación del tiempo de ejecución de los procesos, la gestión de memoria, el multiproceso simétrico (SMP), los controladores de dispositivos, etc.
  A diferecia del kernel Linux existen varios kernel BSD con diversas funciones.

- La biblioteca C, la API base del sistema.
  La biblioteca C de BSD está basada en código procedente de Berkeley no del proyecto GNU.

- Aplicaciones como las distintas *shells*, aplicaciones de gestión de ficheros, compiladores y enlazadores.
  Algunas de las aplicaciones derivan del proyecto GNU, otras no.

- El sistema X Window, que gestiona el entorno gráfico.
  El sistema X Window usado es producto de un proyecto aparte, el Proyecto XFree86[2]. Usa el mismo código que en Linux. BSD por lo general no predetermina un gestor de ventanas como KDE o GNOME, aunque éstos y otros muchos estén disponibles.

- Muchos otros programas y utilidades.

---

[2]   Disponible en: http://www.xfree86.org/

BSD también ha hecho grandes contribuciones en el campo de los sistemas operativos en general, como por ejemplo:

o   el manejo de memoria virtual paginado por demanda.

o   el control de trabajos.

o   El sistema de ficheros FSS (*Fast FileSystem*).

o   el protocolo TCP/IP (casi todas las implementaciones de TCP derivan de la de 4.4BSD-Lite)

6.2. ¿Por qué BSD no se conoce mejor?

Existen diversas razones por las que BSD es relativamente desconocido:

1. Los desarrolladores de BSD con frecuencia están más interesados en depurar su código que en promocionarlo.

2. La mayor parte de la popularidad Linux se debe a factores externos a los proyectos Linux, como la prensa y las compañías que ofrecen servicios relacionados con Linux. Hasta hace poco los BSD de fuente abierta carecían de tales abogados.

3. Los desarrolladores de BSD suelen estar más experimentados que los de Linux y ponen menos de su parte a la hora de hacer el sistema fácil de usar. Los recién llegados suelen sentirse más cómodos con Linux.

4. En 1992 AT&T denunció a BSDI, el distribuidor de BSD/386, alegando que el producto contenía código propiedad de AT&T. El caso fue sobreseído en 1994 pero la huella del litigio perdura. Un detalle que el proceso judicial aclaró fue el de la nomenclatura: en los 80 BSD era conocido como "BSD UNIX". Tras la eliminación del último vestigio de código de AT&T, BSD perdió el derecho a llamarse Unix.

5. Existe la creencia de que los proyectos BSD están fragmentados y enfrentados entre sí. Como en el caso del pleito, esta creencia se fundamenta en historia antigua.

6.3. ¿Quién posee BSD?

Ninguna persona o empresa posee BSD. Su creación y distribución es obra de una comunidad de voluntarios altamente cualificados y comprometidos a lo largo y ancho del mundo. Algunos de los componentes de BSD son proyectos de código abierto que cuentan con responsables ajenos al proyecto BSD.

7. Los diversos sistemas BSD

La familia de sistemas operativos **BSD** (*Berkeley Software Distribution*) descienden del sistema Unix conocido como 4.4BSD-Lite desarrollado en Berkeley.

A diferencia de las numerosas distribuciones de GNU/Linux tan sólo hay tres BSD libres. Cada proyecto BSD mantiene su propio árbol de fuentes y su propio *kernel*. En la práctica, sin embargo, las diferencias en el entorno de usuario entre los distintos BSD son menores que en GNU/Linux.

Un intento de *retratar* el uso, en todo el mundo, de los sistemas operativos BSD es The *BSDstats Project[3], cuyo principal objetivo es demostrar a los proveedores de hardware la penetración de BSD y la viabilidad de los controladores de hardware para el sistema operativo.

Operating System	Systems This Month	Percentage
PC-BSD	16,169	72.61 %
freeBSD	5,410	24.29 %
DesktopBSD	530	2.38 %
NetBSD	65	0.29 %
OpenBSD	58	0.26 %
DragonFly BSD	30	0.13 %
MidnightBSD	6	0.03 %
MirBSD	1	0.00 %
Total:	**22,269**	**100.0 %**

The *BSDstats Project: Septiembre de 2010.

El proyecto recopila datos mensuales de los usuarios de sistemas operativos BSD que optaron en la instalación de un programa de recopilación de datos. Si bien no es representativo de la población total de usuarios/instalaciones BSD.

---

[3] Disponible en: http://www.bsdstats.org/

7.1. NetBSD

NetBSD[4] es un sistema operativo de la familia Unix (en sí no se le puede llamar "un Unix", ya que ésta es una marca comercial de AT&T, pero se denomina como "sistema de tipo UNIX" o "derivado de UNIX"), *open source* y libre, y, a octubre de 2009, disponible para más de 56 plataformas hardware. Su diseño y sus características avanzadas lo hacen ideal para multitud de aplicaciones. NetBSD ha surgido como resultado del esfuerzo de un gran número de personas que tienen como meta producir un sistema operativo tipo Unix accesible y libremente distribuible.

7.1.1. Historia

NetBSD toma su nombre de la versión 4BSD/Tahoe-Net/1 de los BSD, pues sobre ellos se desarrolló el protocolo TCP/IP, el protocolo más importante en Internet. NetBSD, al igual que FreeBSD, se deriva de la última versión de los BSD, la 386BSD 0.1. El primer *release* de NetBSD (la versión 0.8) vio el mundo el 20 de abril de 1993.

7.1.2. Características

Es un sistema operativo maduro, producto de años de desarrollo (los orígenes de BSD datan del año 1977), y partiendo del sistema Unix sexta edición.
Actualmente está basado únicamente en software de libre distribución que incluye entre otros a 4.4BSD Lite de la Universidad de Berkeley, Net/2 (*Berkeley Networking Release 2*) el sistema de ventanas X del MIT y software GNU.

NetBSD se centra en ofrecer un sistema operativo estable, multiplataforma, seguro y orientado a la investigación. Está diseñado teniendo como prioridad escribir código de calidad y bien organizado, y teniendo muy en cuenta el cumplimiento de estándares (POSIX, X/Open y otros): prueba de este buen diseño es su amplia portabilidad.

Algunas ventajas sobre otros sistemas operativos:

- o Foco especial en la calidad y portabilidad de código. Portado a más de 56 arquitecturas.

- o Suele ser el pionero en implementar nuevas tecnologías (ejemplo IPv6).

- o Alta seguridad y estabilidad. Fue usado en la NASA.

- o Sistema de ficheros BSD FFS (*Fast File System*), rápido y fiable.

- o Seguridad: soporte de IPsec.

- o XEN Dom0: soporte nativo de máquinas virtuales XEN en versión 3.0.

---

4   Disponible en: http://www.netbsd.org/es/
Documentación de NetBSD: http://www.netbsd.org/es/Documentation/#netbsd-guide

- Compilación distribuida: esto es que la compilación del sistema para un procesador específico se puede hacer desde otro tipo de procesador distinto – si es más potente, claro, porque si no, no merece la pena –.

7.1.3. Portabilidad

NetBSD ha sido portado a un gran número de arquitecturas de computadores, desde minicomputadores VAX a PDAs Pocket PC, desde Opterons de 64-bits a sistemas de escritorio. Ya que ha sido creado para funcionar sobre diversas plataformas, sus desarrolladores han elegido como lema: "Of course, it runs on NetBSD!" ("¡Claro que funciona con NetBSD!") El núcleo y el espacio de usuario para todas las plataformas soportadas (que comprenden alrededor de una veintena de diferentes procesadores) se compilan desde un árbol de código central y unificado gestionado con CVS.

NetBSD en una Dreamcast

Debido a la gestión de código fuente centralizada y a un diseño altamente portable, las adiciones de funcionalidad general (no específicas de un hardware en concreto) benefician a todas las plataformas inmediatamente sin necesidad de "portarlas".

Corriendo NetBSD y Doom en una HP Jordana

De hecho NetBSD se ha instalado en los más extraños aparatos domésticos. Hace años incluso se decía que NetBSD podría ser portado a una tostadora si fuese necesario. Finalmente, fue portado a una tostadora en 2005.

Corriendo NetBSD en una tostadora – CC By-NC Scott Beale

7.1.4. Logo

El logotipo de NetBSD, una bandera ondeante, fue diseñado por Grant Bisset en 2004 luego de que varios miembros del equipo de desarrollo de NetBSD, señalaron al viejo logo de 1994 como inadecuado para un proyecto internacional pues estaba inspirado en el levantamiento de la bandera americana en Iwo Jima.

Antiguo logotipo de la Fundación NetBSD creado por Shawn Mueller.

7.1.5. Licencia

Todo el código fuente de NetBSD está liberado bajo la licencia BSD y sus cláusulas 1, 2, 3 y 4. Esto hace posible que cualquiera pueda usar, modificar e incluso vender NetBSD siempre y cuando mantenga los reconocimientos.

El 20 de junio de 2008, la Fundación de NetBSD anunció una transición a la licencia BSD de dos cláusulas, citando algunas preocupaciones con el soporte de UCB de la cláusula 3 y aplicabilidad industrial de la cláusula 4.

También incluye las herramientas de desarrollo de GNU y otros paquetes que están cubiertos por la licencia GPL y otras licencias de código abierto.

7.1.6. pkgsrc

Uno de los proyectos más interesantes de NetBSD es su sencillo y poderoso sistema de gestión de paquetes, **pkgsrc** (abreviatura en inglés de *package source*). Dado que el *kernel* de NetBSD es portable a muchas arquitecturas, pkgsrc es un meta sistema, esto es, descarga código fuente y compila para producir los binarios. Los usuarios de Gentoo están familiarizados con este proceso dado que emerge funciona de manera similar.

Desde agosto de 1997 pkgsrc es el sistema de gestión de paquetes primario de NetBSD, aunque ha evolucionado independientemente: en 1999 se agregó el soporte para Solaris y Linux, a los que siguieron Darwin (Mac OS X) en 2001, FreeBSD, OpenBSD e IRIX en 2002, BSD/OS y AIX en 2003, Interix OpenBSD.

7.2. OpenBSD

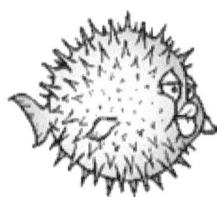

OpenBSD[5] es un sistema operativo libre tipo Unix, multiplataforma, basado en 4.4BSD. Desciende de NetBSD, con un foco especial en seguridad y criptografía.

Este sistema operativo, se concentra en la portabilidad, cumplimiento de normas y regulaciones, corrección, seguridad proactiva y criptografía integrada. Incluye emulación de binarios para la mayoría de los programas de los sistemas SVR4 (Solaris), FreeBSD, Linux, BSD/OS, SunOS y HP-UX.

Tiene la reputación de ser el sistema más seguro y estable del mundo. Ya que su objetivo es la seguridad, su desarrollo es bastante cerrado. No soporta muchos dispositivos multimedia. El sistema es simple y eficaz, pero puede ser algo desconcertante para un usuario que viene del mundo Windows poco habituado al modo texto. Es un sistema más dedicado a servidores que a escritorio.

7.2.1. Historia

OpenBSD se creó como un derivado (*fork*) de NetBSD debido a las diferencias filosóficas y personales entre Theo de Raadt y los demás miembros fundadores de NetBSD. Dejando aparte el hecho de que la seguridad sea la principal razón para que OpenBSD exista, el proyecto también tiene otras metas. Siendo un descendiente de NetBSD, es un sistema operativo muy portable. Actualmente corre sobre 17 plataformas distintas de hardware.

Es enteramente desarrollado por voluntarios. El Proyecto OpenBSD financia a estos y otros eventos gracias a la venta de CD's con el sistema operativo, camisetas y posters. Las donaciones, tanto personales como de organizaciones, hacen posible que el proyecto OpenBSD continúe y sea libre.

La **Fundación OpenBSD**[6] (en inglés, *OpenBSD Fundation*) es una organización sin fines de lucro canadiense fundada por el Proyecto OpenBSD *"como un solo punto de contacto para las personas y organizaciones que requieren una entidad jurídica para contactar cuando desean dar soporte a OpenBSD."*, y también sirve como una garantía jurídica sobre otros proyectos que están afiliados con OpenBSD, incluyendo OpenSSH, OpenBGPD, OpenNTPD, y OpenCVS. Fue anunciada al público por el desarrollador de OpenBSD, Bob Beck, el 25 de julio de 2007.

Puffy, el pez globo mascota de OpenBSD.

7.2.2. Seguridad

Hasta junio de 2002, la página web de OpenBSD ostentaba el eslogan: "*Ningún fallo de seguridad remoto en la instalación por defecto en los últimos 6 años*". Esto debió ser cambiado por: "*Un solo agujero de seguridad en la instalación por defecto, en más de 8 años*", después de que se encontrara un agujero en OpenSSH y posteriormente por: "*Sólo dos agujeros de seguridad en la instalación por defecto, en más de 10 años*", al encontrase un fallo en el módulo de IPv6. Alguna gente ha criticado este lema, ya que casi nada está activado en la instalación por defecto de OpenBSD, y las versiones estables han incluido software en el que posteriormente se encontraron agujeros de seguridad. El equipo de programadores de OpenBSD mantiene que el eslogan se refiere a una instalación por defecto del sistema operativo, y que es correcto ajustándose a su definición.

Una de las innovaciones fundamentales del proyecto OpenBSD es introducir el concepto del sistema operativo "seguro por defecto". Según la ciencia de la seguridad informática, es estándar, y además fundamental, activar la menor cantidad posible de servicios en máquinas que se encuentren en producción. Aun con todo, incluso sin tener en cuenta esta práctica, OpenBSD es un sistema extremadamente seguro y estable.

Adicionalmente a sus permanentes auditorias de código, OpenBSD contiene criptografía fuerte. Un analizador estático de dimensiones fue añadido al compilador, que intenta encontrar fallos comunes de programación en tiempo de compilación. Se puede usar Systrace para proteger los puertos del sistema.

OpenBSD usa un algoritmo de cifrado de contraseñas derivado del Blowfish de Bruce Schneier. Este sistema se aprovecha de la lentitud inherente del cifrado del Blowfish para hacer la comprobación de contraseñas un trabajo muy intensivo para la CPU, dificultando sobremanera el procesamiento paralelo. Se espera que así se frustren los intentos de descifrado.

Debido a todas estas características, OpenBSD se usa mucho en el sector de la seguridad informática como sistema operativo para cortafuegos (*firewalls*) y sistemas de detección de intrusos. El filtro de paquetes de OpenBSD, pf es un potente cortafuegos desarrollado a causa de problemas con la licencia de ipf. OpenBSD fue el primer sistema operativo libre que se distribuyó con un sistema de filtrado de paquetes incorporado.

7.2.3. Licencia

Una de las metas del proyecto OpenBSD es *"mantener el espíritu del copyright original Berkeley Unix"*, que permitía *"una fuente de distribución relativamente libre de restricciones"*. Con este fin, la licencia Consorcio de Sistemas de Internet (ISC), una versión simplificada de la licencia BSD sin formalismos innecesarios según la Convención de Berna, se adopta para el nuevo código, aunque se aceptan las licencias MIT o BSD. La licencia GNU (GPL) se consideraba demasiado restrictiva en comparación con éstas, así el código existente bajo la GNU es reemplazado o relicenciado cuando se puede de forma intensiva, aunque algunos casos como el compilador GCC no tienen reemplazo posible y la creación de uno se considera poco práctico.

OpenBSD ha hecho importantes avances: de especial interés es el desarrollo de OpenSSH, basado en el paquete SSH original y desarrollado por el equipo OpenBSD. Actualmente es la implementación sencilla de SSH más extendida, disponible como estándar o como opción en muchos sistemas operativos. Es interesante mencionar el desarrollo, tras las restricciones de licencia sobre IPFilter, del filtro de paquetes PF. Los desarrolladores de OpenBSD también están detrás del desarrollo de OpenBGPD, OpenOSPFD, OpenNTPD y OpenCVS, alternativas a software existente con licencias BSD.

En junio de 2001, y debido a modificaciones de Darren Reed en la redacción de la licencia de IPFilter, se lleva a cabo una auditoría sistemática de las licencias de los códigos fuentes de OpenBSD. Se encontró código fuente sin licencia, licenciado de forma ambigua o utilizado en contra de los términos de licencia en más de cien archivos. Para asegurar que las licencias se habían aplicado de forma correcta se intentó contactar con los poseedores de los copyright originales: algunos trozos de código fueron eliminados, otros fueron reemplazados, y otros, incluyendo las herramientas de rutinas multicasting, mrinfo y map-mbone, que estaban licenciadas por Xerox sólo para investigación, fueron relicenciadas de forma que OpenBSD pudiese seguir utilizándolas. También es destacable que durante esta auditoría se eliminó todo el software de Daniel J. Bernstein del árbol de fuentes. Bernstein pidió que toda versión modificada de su código debía ser aprobada por él antes de distribuirlo, una petición en que los desarrolladores de OpenBSD no estaban dispuestos a invertir esfuerzos. Tras la publicación de OpenBSD 3.8, no existe software de Bernstein en las fuentes.

7.2.4. Filosofía

La filosofía de OpenBSD puede ser reducida a 3 palabras *"Free, Functional and Secure"* (Libre, Funcional y Seguro). **Libre** hace referencia a su licencia (explicada arriba), **funcional** se refiere al estado en el cual se decide finalizar el versionado de los programas, y **seguro** por su extrema revisión y supervisión del código incluido en sus versiones.

7.3. FreeBSD

FreeBSD[7] es un avanzado sistema operativo libre para arquitecturas x86 compatibles (incluyendo Intel 80386, 80486 - versiones SX y DX-, Pentium® y Athlon™), amd64 compatibles (incluyendo Opteron™, Athlon™64 y EM64T), y así hasta en once arquitecturas distintas como Alpha/AXP, IA-64, PC-98, MIPS, PowerPC y UltraSPARC®

Está basado en la versión 4.4 BSD-Lite del Computer Systems Research Group (CSRG) de la Universidad de California, Berkeley siguiendo la tradición que ha distinguido el desarrollo de los sistemas BSD. Además del trabajo realizado por el CSRG, el proyecto FreeBSD ha invertido miles de horas en ajustar el sistema para ofrecer las máximas prestaciones en situaciones de carga real.

Está concebido para que sea fácil de administrar, estable y ofrezca buenas prestaciones. La mayoría de las principales aplicaciones de GNU/Linux han sido llevadas a FreeBSD. Puede emular los binarios de GNU/Linux del que desea ser el competidor directo. Ya que es utilizado mucho como servidor, su lema es "The Power to Serve" ("El poder de servir").

The original BSD daemon appeared first in 1983 on the cover of the 4.2BSD manuals published by the Usenix Association

[8]

Beastie es la mascota del sistema operativo FreeBSD

Beastie (*Daemon BSD*) es el nombre del demonio de BSD. Quizás sea la mascota más carismática del mundo *NIX. Esta mascota fue creada para adornar las cubiertas de los manuales de BSD. Ha habido una gran variedad de dibujos del demonio desde su creación, muchas de las cuales se pueden encontrar en la página de la historia del demonio de BSD de Kirk McKusick[9]. Kirk es el dueño del copyright del demonio.

El porqué es un demonio, viene dado por su procedencia (el sistema FreeBSD nace en la Universidad de Berkeley) y por sus igualdades de concepto con el demonio de Maxwell[10]. Igualmente, la concepción de un "demonio" no está ligada a connotaciones negativas, ya que esta palabra, se utilizaba con diferentes fines desde su nacimiento, significando, por ejemplo un ser de un carácter intermedio entre el de los dioses y los hombres o un espíritu rector. Las repercusiones infernales, vienen dadas más adelante.

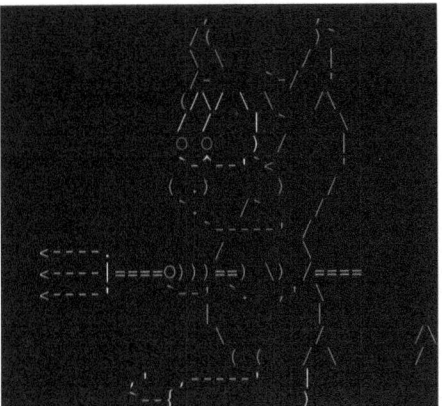

Imagen en ASCII de Beastie tal como aparece en la línea de comandos

En FreeBSD version 5.x aparece esta imagen (ver arriba) de Beastie en el menú de arranque, y todavía pueda ser puesta como imagen de arranque en versiones posteriores. También es usado en el protector de pantalla "daemon_saver":

Se dice que uno de los peores enemigos de Beastie es Tux (el pingüino mascota de Linux), debido a la rivalidad de sus sistemas operativos; también se pueden encontrar diversas imágenes que comprueban esta rivalidad:

Y aunque entre devotos de ambos sistemas, existen muchas imágenes de esta rivalidad, también es cierto que, al poseer enemigos comunes (léanse MS-Windows, MacOS X,

---

9   Disponible en: http://www.mckusick.com/beastie/
10 Para más información sobre el demonio http://es.wikipedia.org/wiki/Demonio_de_Maxwell

etc.), hay infinidad de imágenes de las dos mascotas unidas en contra de sus enemigos:

7.3.1. Características

Aunque FreeBSD está inspirado en la variante 4.4 BSD-Lite de Unix, no puede ser propiamente llamado Unix, al no haber adquirido la debida licencia de The Open Group, FreeBSD sí está hecho para ser compatible con la norma POSIX, al igual que varios otros sistemas "clones de Unix".

Ofrece altas prestaciones en comunicaciones de red, rendimiento, seguridad y compatibilidad, todavía inexistentes en otros sistemas operativos, incluyendo los comerciales de mayor renombre.

FreeBSD es el servidor ideal para servicios de Internet o Intranet. Proporciona unos servicios de red robustos, incluso en situaciones de alta carga, haciendo un uso eficaz de la memoria para mantener buenos tiempos de respuesta con cientos o miles de procesos simultáneos de usuarios.

7.3.2. Instalación

Hay muchas opciones para instalar FreeBSD, incluyendo instalación desde CD/DVD, disquetes, partición MS-DOS, cinta magnética, FTP anónimo y NFS, o incluso mediante red utilizando el estándar PXE.

Todas ellas arrancan la computadora con un sistema FreeBSD abreviado, y llevan a la misma utilidad, sysinstall, que es la encargada de instalar realmente el sistema operativo, y posee varias alternativas. A saber, instalar el sistema utilizando los datos disponibles en un dispositivo de almacenamiento local (CD/DVD-ROM, directorio en un sistema de archivos FAT, etc.), u obteniéndolos desde un sitio remoto a través de un protocolo de transferencia de archivos (HTTP, FTP, NFS, etc.)

```
FreeBSD 6.2-RELEASE-p4 (GENERIC) #0: Thu Apr 26 17:40:53 UTC 2007

Welcome to FreeBSD!

Before seeking technical support, please use the following resources:

o   Security advisories and updated errata information for all releases are
    at http://www.FreeBSD.org/releases/ - always consult the ERRATA section
    for your release first as it's updated frequently.

o   The Handbook and FAQ documents are at http://www.FreeBSD.org/ and,
    along with the mailing lists, can be searched by going to
    http://www.FreeBSD.org/search/.  If the doc distribution has
    been installed, they're also available formatted in /usr/share/doc.

If you still have a question or problem, please take the output of
'uname -a', along with any relevant error messages, and email it
as a question to the questions@FreeBSD.org mailing list.  If you are
unfamiliar with FreeBSD's directory layout, please refer to the hier(7)
manual page.  If you are not familiar with manual pages, type 'man man'.

You may also use sysinstall(8) to re-enter the installation and
configuration utility.  Edit /etc/motd to change this login announcement.

$ ▮
```

Terminal FreeBSD: pantalla de bienvenida.

7.3.3. Gestión de programas

Como otros sistemas BSD, FreeBSD provee de manejo semi-automatizado de **packages** (paquetes) distribuidos en formato comprimido (en formato tar.gz o .tgz). Y al igual que NetBSD y OpenBSD, también provee de un eficiente sistema de gestión de **ports** (puertos). Ambas colecciones ofrecen una manera sencilla de instalación de aplicaciones para los usuarios y administradores.

Los *packages* son una extensa colección de utilidades y aplicaciones que han sido portadas a FreeBSD. Son binarios precompilados listos para instalar y funcionar. Pueden ser instalados de diferentes maneras:

o   Desde el menú Packages de la utilidad Sysinstall

o   Usando el comando pkg_add

La colección de *ports* usa el código fuente y los parches necesarios. Esto es, son un conjunto de comandos por lotes, que especifican exactamente los requisitos, lo que se debe hacer para compilar el código fuente y lo necesario para instalar la versión ejecutable de un determinado paquete de software en el sistema. Pueden ser más aconsejables para configuraciones importantes que deben hacerse en el momento de la compilación.

7.3.4. Compatibilidad con Linux

FreeBSD es compatible con binarios de varios sistemas operativos del tipo Unix, incluyendo Linux. La razón de esto es la necesidad de ejecutar aplicaciones desarrolladas para Linux, en las que el código fuente no se distribuye públicamente y, por tanto, no pueden ser portadas a FreeBSD.

Generalmente no se siente pérdida de rendimiento, y funcionan igual de rápido que las versiones nativas. Incluso puede ser más veloz ejecutar un binario de Linux en FreeBSD, que un binario nativo (no obstante esto es muy relativo ya que FreeBSD compila el código y Linux en la mayoría de las distros no, pero si compilara, obtendría una funcionalidad similar, unos programas funcionan mejor en Linux mientras que otros en FreeBSD).

Si bien algunas aplicaciones funcionan perfectamente, otras se ven limitadas debido a que la capa de compatibilidad solo incluye las llamadas de sistema del núcleo Linux 2.4.2, una versión antigua.

7.4. DesktopBSD

DesktopBSD[11] es un sistema operativo libre y gratuito, derivado de Unix, y basado en FreeBSD. Su objetivo es combinar la tradicional estabilidad de FreeBSD con la usabilidad y funcionalidad del entorno de escritorio KDE y la simplicidad de un software especialmente desarrollado para proporcionar un sistema que es fácil de usar e instalar para los usuarios de escritorio. Existen versiones para las plataformas Intel (i386) y AMD64.

7.4.1. Historia y desarrollo

DesktopBSD es en esencia una instalación configurada a medida de FreeBSD, y no un *fork* de este sistema operativo. Se basa siempre en la última distribución estable de FreeBSD, aunque incorpora algunos elementos de software añadidos, como KDE, las utilidades DesktopBSD de instalación y archivos de configuración adicionales.

El proyecto DesktopBSD nació un año antes que el proyecto análogo PC-BSD, y su estructura y objetivos son similares. Sin embargo no existe una relación de rivalidad entre ambos proyectos, que son absolutamente independientes y ofrecen características (y se basan en actitudes) muy diferentes: DesktopBSD es más fiel al original FreeBSD, y las herramientas gráficas que proporciona son simples *front-ends* gráficos para herramientas estándares de FreeBSD. PC-BSD incorpora herramientas destinadas a sustituir ciertos elementos de FreeBSD.

La primera versión candidata de DesktopBSD 1.0 se hizo pública el 25 de julio de 2005. La versión 1.0 final se publicó el 28 de marzo de 2006.

---

11   Disponible en: http://www.desktopbsd.net/

7.4.2. Características

o Instalador gráfico que incluye partición de discos duros y creación de usuarios.

o Herramienta gráfica para la gestión, instalación y actualización de software usando el sistema de *ports* de FreeBSD.

o Herramienta gráfica de administración de interfaces de red y de montaje y desmontaje de dispositivos.

o LiveCD/DVD (a partir de la versión 1.6RC1).

7.4.3. Futuro

Aunque el proyecto todavía no está oficialmente muerto, está en riesgo debido a la falta de desarrolladores y tiempo. Según anuncia[12] su principal desarrollador, Peter Hofer, una última versión 1.7 de DesktopBSD será "hecha en casa" basado en el último FreeBSD y con Enlightenment en lugar de KDE3 o KDE4. Pero como explica:

"Sin embargo, debido a que DesktopBSD está basado completamente en FreeBSD, el soporte continuado del sistema operativo y la disponibilidad de software actualizado para DesktopBSD 1.7 está asegurado".

Peter Hofer, el principal desarrollador de DesktopBSD, publica en los foros[13] de este proyecto:

"La verdad es que me encuentro teniendo menos y menos tiempo para DesktopBSD estos días. Además, mis intereses han cambiado desde que comencé a trabajar en DesktopBSD en el 2004 (hace casi 5 años). Como resultado, no creo que pueda hacer progresar a DesktopBSD constante y significativamente por mi cuenta. Desafortunadamente, no hay otros desarrolladores activos y no parece que haya ninguno interesado en contribuir".

El 30-05-2010 se anuncia que un pequeño equipo de cuatro personas bajo la dirección de Daniel Hilbert, retoma su desarrollo.

12
http://desktopbsd.net/index.php?id=43&tx_ttnews%5Btt_news%5D=41&cHash=b6ad95fd57
13 Disponibles en: http://www.desktopbsd.net/forums/

7.5. PC-BSD

PC-BSD[14] es un sistema operativo orientado a los escritorios y basado en FreeBSD. El objetivo de sus desarrolladores simplemente ha sido crear un sistema robusto, fiable pero que sea simple de instalar y utilizar. Este sistema operativo está dirigido a las personas que vienen del mundo de Windows y Mac para que tengan un entorno de escritorio inmediatamente operacional. Así, en agosto de  2006 fue denominado **el sistema operativo más amigable** según OSWeekly.com[15].

Su instalación es en modo gráfico, contrariamente a FreeBSD. Además, sus desarrolladores han deseado hacer algunas simplificaciones:

o Desde su punto de vista, las distribuciones Linux tienen muchos programas que cumplen la misma función y además cuentan con demasiados entornos gráficos (aun cuando muchos solo utilizan uno).

o La instalación y desinstalación de programas a veces es difícil a causa de problemas de dependencias.

Por ello, su **proceso de instalación es muy sencillo y se resume en unos pocos clics** y varios minutos. La mayoría de dispositivos hardware como las tarjetas de vídeo, de sonido o de red, entre otros, son autodetectados por el sistema operativo y están totalmente operativos tras el primer arranque, permitiendo al usuario empezar a trabajar inmediatamente.

Además:

o El entorno gráfico por defecto es KDE, por considerarse el más avanzado y desarrollado. La biblioteca QT también ha sido adoptada.

o Se ha creado un nuevo sistema de gestión de paquete auto-instalable: **PBI**. Cada paquete PBI contiene todas las bibliotecas de las dependencias.

o Los programas instalados no se dispersan en el árbol de directorios (como en otros Unix y Linux). Cada programa se instala necesariamente en su propio directorio `/programs/Nombre_programa`, con el fin de evitar el problema con las dependencias.

o El usuario tan solo tiene que hacer clic sobre el icono del programa y el sistema de paquetes se encargará hasta de crear un acceso en el menú KDE.

---

[14] Disponible en: http://www.pcbsd.es/

[15]

http://www.osweekly.com/index.php?option=com_content&task=view&id=2287&Itemid=449

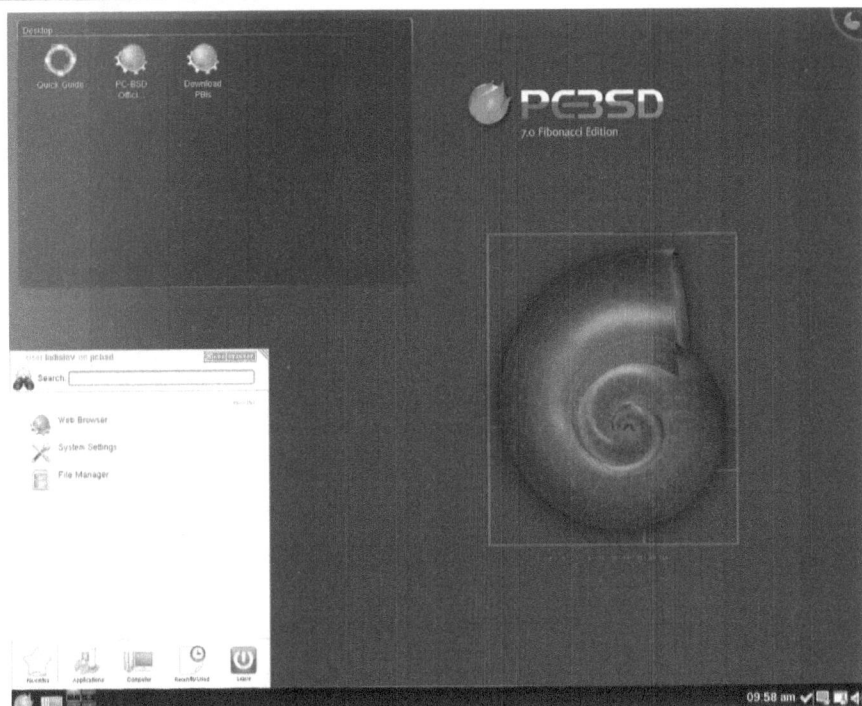

PC-BSD 7.0 Fibonacci Edition

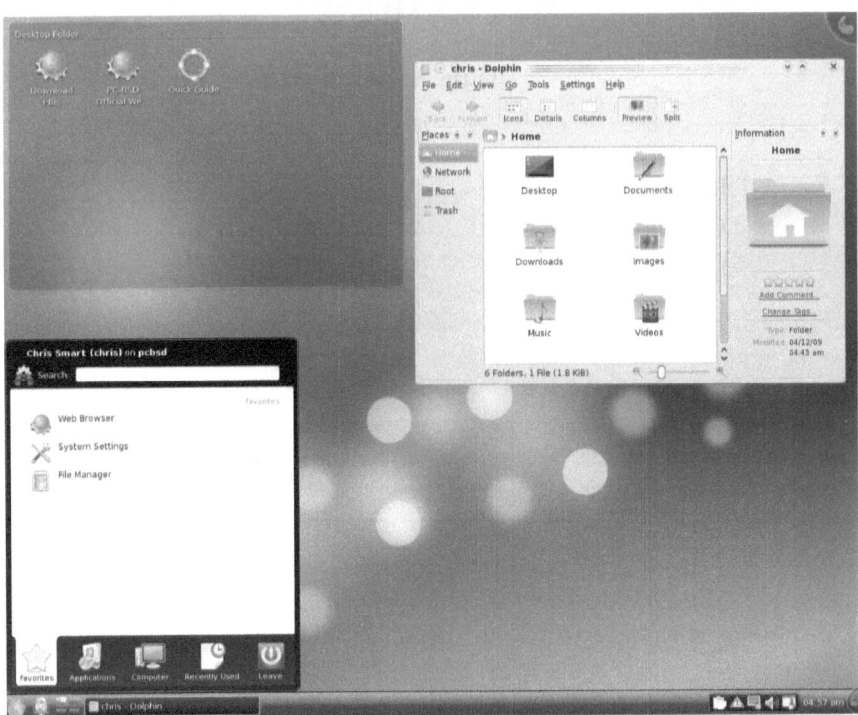

PC-BSD 7.1 Edición Galileo

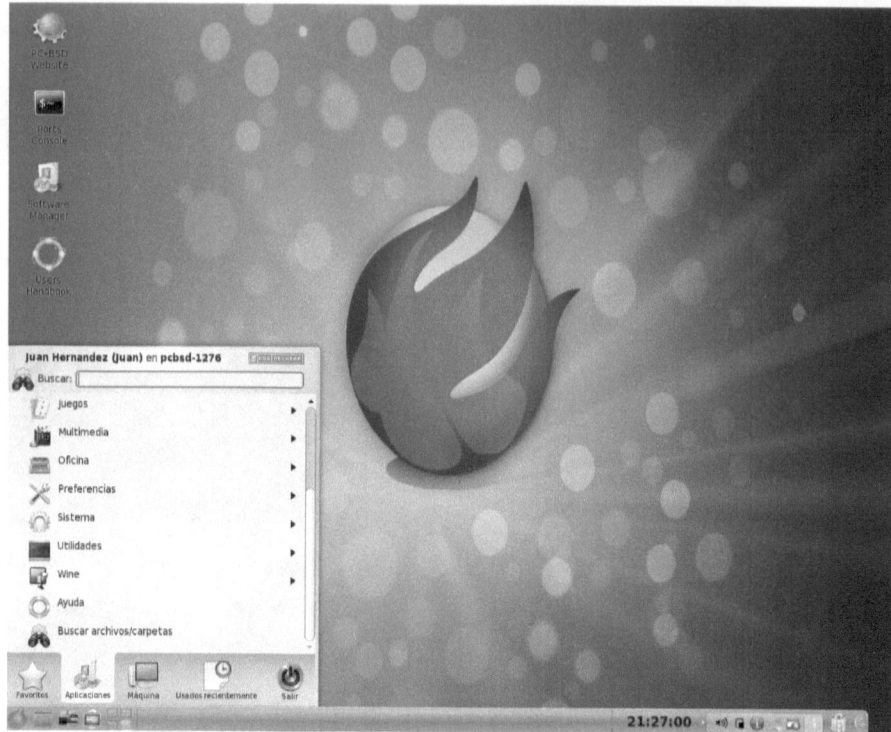

PC-BSD 8.0 Hubble Edition

7.5.1.   Sistema de paquetes de software

PC-BSD nos ofrece la posibilidad de instalar programas en la computadora de distintas maneras. Además de mantener como opción el utilizar los *ports* de FreeBSD o el sistema de paquetes (aunque se mantienen como una opción más a la hora de instalar software en la computadora), PC-BSD usa un sistema de empaquetado exclusivo de este sistema operativo, llamado PBI (***P**ush **B**utton **I**nstaller* o *PC-BSD **I**nstaller*), el cual permitirá a todos los usuarios que escojan este método de instalación, cargar, instalar, utilizar y eliminar aplicaciones de una manera totalmente enjaulada e independiente del sistema operativo, evitando que ningún archivo salga de su "espacio vital" y "ensucie" el sistema operativo. Este formato es muy fácil de utilizar y permite que los desarrolladores definan sus propios iconos de menú y de escritorio, aparte de poder registrar tipos MIME. Este documento tiene como objetivo ayudar en lo máximo posible a los desarrolladores interesados en crear sus aplicaciones en este formato.

Todo el sistema de paquetes y librerías está contenido en un sólo archivo, instalado por el mismo en un mismo directorio raíz /Programs, haciendo más fácil la búsqueda de los binarios de los programas y reduciendo la posibilidad de paquetes rotos si las librerías cambian o son actualizadas.

7.5.2. La importancia de los paquetes PBI

Instalar las aplicaciones desde los repositorios es muy fácil pero, ¿qué pasa cuando quiere una aplicación que no está presente en ellos? La busca por Internet y suelte haber varios casos: paquetes correctos, paquetes de otras distribuciones, paquetes que necesitan dependencias y lo que más se teme, códigos fuente preparados para compilar...

Eso es lo que realmente echa atrás al usuario final, **la imposibilidad de instalar el software que desea.**

Pero, ¿y **si consiguiéramos un tipo de paquete universal a cualquier distribución de *BSD, independiente de cualquier "dependencia" e instalable a un clic?** Pues habíamos dado el primer paso para acoger a la avalancha de usuarios insatisfechos con otros sistemas operativos, que reiteran la seguridad y la facilidad de uso, junto con independencia de un terminal.

 Y ahora, por fin, entra el juego el formato PBI, desarrollado por el equipo de **PC-BSD**. Un formato instalable con un clic, que contiene todas las librerías necesarias para la ejecución de la aplicación y es independiente del sistema a utilizar, es decir, posee todo lo necesario para la ejecución de la aplicación sin que afecte al sistema, sea cual sea.

El tipo de paquete en si tiene muchas cosas interesantes y otras no tanto, pero lo más interesante es su filosofía: la **independencia.**

De esta forma descargaríamos un paquete (con un poco más tamaño de lo normal, ya que incluye las librerías), haríamos clic sobre él y quedaría instalado... ¿No es estupendo? Solo necesitamos bajar un paquete, un solo paquete, y como contiene todos los ficheros, directamente lo podremos bajar.

Creo que lo único que tiene este sistema de instalación que no gusta a la gente, es la redundancia y el incremento de tamaño de los paquetes. El incremento de tamaño siempre existiría, pero la redundancia se podría solventar mandando a las librerías a un directorio general, y con algún sistema que lo regule.

Pienso que hasta que no se idee un sistema de este tipo para la instalación de paquetes, Linux no evolucionará con respecto al público que engloba.

7.5.3. Licencia

Desde que muchos recalcaron que la GNU/GPL entra en conflicto con la ideología de la licencia BSD, un punto común de crítica de la comunidad *BSD al proyecto PC-BSD fue que en sus comienzos, su código estaba bajo la licencia GPL, mientras todo el *open source* BSD desciende de la licencia BSD. Se utilizó en un principio la GPL porque PC-BSD usa la biblioteca Qt para su interfaz gráfica y el Qt toolkit obligaba a utilizar o la licencia GPL o la QPL. Desde la versión 0.7.5 esto ha cambiado, ya que se relicenció el código bajo licencia BSD.

7.5.4. Versiones

Nótese que PC-BSD ha decidido desde su versión 7 ir a la par de la versión del FreeBSD en el cual se basa.

20-07-2010	8.1 Hubble
22-02-2010	8.0 Hubble
06-07-2009	7.1.1
10-04-2009	7.1 Galileo
10-12-2008	7.0.2
17-10-2008	7.0.1
15-09-2008	7.0 Fibonacci
23-04-2008	1.5.1
12-03-2008	1.5 Edison
04-01-2008	1.4.1.2
03-12-2007	1.4.1.1
16-11-2007	1.4.1
24-09-2007	1.4
18-04-2007	1.3.4
12-02-2007	1.3.3
19-01-2007	1.3.2
09-01-2007	1.3.1
31-12-2006	1.3
12-07-2006	1.2
13-06-2006	1.11
28-05-2006	1.1
28-04-2006	1.0
11-09-2005	0.8 Beta
24-06-2005	0.7.5 Beta
13-05-2005	0.7 Beta
01-05-2005	0.6 Beta
15-04-2005	0.5 Beta

7.6. Distribuciones BSD subderivadas

7.6.1. Basadas en FreeBSD

- IronPort® AsyncOS™[16], sistema operativo de Cisco Systems.

- BSDeviant[17], era un miniLiveCD de 210 MB, con Fluxbox como gestor de ventanas, bajo el lema: *"Unix, en cualquier momento y en cualquier lugar"*.

- ClosedBSD, *firewall* y utilidad NAT basado en el *kernel* de FreeBSD que se ejecutaba desde un sólo disquete o LiveCD y no requería disco duro.

- *Darwin BSD[18]*, es el núcleo de Mac OS X desde 1999.

- **DesktopBSD**.

- **DragonFly BSD[19]**, un derivado (*fork*) de FreeBSD versión 4.8, de junio de 2003, nacido del desacuerdo de Matt Dillon con el desarrollo de FreeBSD, calificado de bajo rendimiento y de difícil mantenimiento. Este LiveCD reescribió toda la gestión de concurrencia, SMP, y la mayoría de los subsistemas del núcleo. La mascota del proyecto es una libélula (*Dragonfly*, en inglés) Una de sus características es que posee un instalador propio, luego adaptado por otras distribuciones BSD, llamado *BSD Installer*.

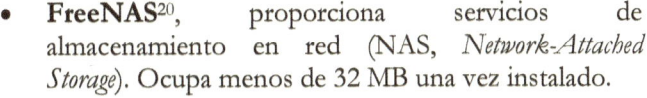

- **FreeNAS[20]**, proporciona servicios de almacenamiento en red (NAS, *Network-Attached Storage*). Ocupa menos de 32 MB una vez instalado.

- FreeSBIE[21], fue el primer LiveCD basado en FreeBSD. Eficaz y bastante fácil de usar (configuración fácil si estas un poco acostumbrado a instalar Unix o Linux).

  - HamFreeSBIE[22], LiveCD para operadores de radio amateur.

  - LiveBSD[23], abandonada versión que incluía el BSD Installer.

  - GuLIC BSD, proyecto abandonado de LiveCD realizado por el *Grupo de Usuarios de Linux de Canarias*.

---

16   Más información.:
http://www.ironport.com/ar/technology/ironport_asyncos_operating_system.html
17   Disponible en: http://bsdeviant.org/
18   Disponible en: http://developer.apple.com/Darwin/
19   Disponible en: http://www.dragonflybsd.org/
20   Disponible en: http://www.freenas.org/
21   Disponible en: http://www.freesbie.org/
22   Disponible en: http://www.db.net/hamfreesbie/HamFreeSBIE.html
23   Más información en: http://www.livebsd.com/

- Frenzy[24], otro LiveCD para usuarios avanzados.

- Debian GNU/kFreeBSD[25], es llevado a cabo por el proyecto Debian, usa el núcleo de FreeBSD modificado para usar las librerías de GNU.

  o Ging, acrónimo de *Ging Is Not Ging*, es un LiveCD.

- Gentoo/FreeBSD[26] (o Gentoo/FBSD, o G/FBSD), es un esfuerzo para crear un completo sistema Gentoo basado en FreeBSD.

- IronPort AsyncOS - aplicaciones de seguridad.

- JunOS®[27], sistema operativo de Juniper Networks.

- MidnightBSD[28], otro desarrollo pensando primero en su facilidad de uso y simplicidad para el escritorio.

- NetBoz, proyecto LiveCD descontinuado usado como *firewall*.

- Nokia IPSO, para aplicaciones de seguridad IP de Nokia.

- **PC-BSD**.

- pfSense[29], distribución de *firewall* y *router* basada en FreeBSD.

- PicoBSD, un proyecto en disquete descontinuado usado como *firewall*.

- RoFreeSBIE[30], LiveDVD/CD creado con los *scripts* de FreeSBIE, y con instalador de DesktopBSD, y escritorios KDE y Window Maker.

- The Dark Star, LiveCD basado en FreeBSD, con los *scripts* /etc/rc.d de FreeSBIE y creadaa partir del sistema Linux Live Scripts de SLAX.

- TrueBSD[31], LiveDVD destinado al usuario casual sin ninguna experiencia previa con *BSD.

- **m0n0wall**[32], distribución de *firewall* integrado basada en FreeBSD.

  o pfSense, usa *pf*, el Packet Filter del proyecto OpenBSD.

- UTUTO XS BSD.

---

24 Disponible en: http://frenzy.org.ua/en/
25 Disponible en: http://www.es.debian.org/ports/kfreebsd-gnu/
26 Disponible en: http://www.gentoo.org/proj/en/gentoo-alt/bsd/fbsd/
27 Más información en: http://www.juniper.net/es/es/products-services/nos/junos/
28 Disponible en: http://www.midnightbsd.org/
29 Disponible en: http://www.pfsense.org/
30 Disponible en: http://www.rofreesbie.org/
31 Disponible en: http://www.truebsd.org/
32 Disponible en: http://m0n0.ch/wall/

7.6.2. Basadas en NetBSD

- BlackBSD, abandonado LiveCD, con herramientas de seguridad y fluxbox as como gestor de ventanas.

- Force10 Networks FTOS[33], el sistema operativo para los *switches* y routeres de alta capacidad serie-E Force10 TeraScale.

- Debian GNU/NetBSD[34], adaptación del sistema operativo Debian al núcleo NetBSD.

- Gentoo/NetBSD[35].

- Jibbed[36], LiveCD del desarrollador Zafer Aydogan con escritorio XFCE y pkgsrc.

- PolyBSD y pocketSAN[37].

7.6.3. Basadas en OpenBSD

- Quetzal[38], LiveCD/DVD con WindowMaker como gestor de ventanas.

- Anonym.OS[39], LiveCD que trata de facilitar la navegación anónima.

- Fugulta[40], LiveUSB/CD basado en OpenBSD.

- Gentoo/OpenBSD.

- **MirOS BSD**[41], sistema pequeño, muy seguro y completamente libre.

- OliveBSD[42], versión LiveCD dedicada a la seguridad y al anonimato, presenta ambiente gráfico y cuenta con el administrador de ventanas IceWM.

---

33   Más información en: http://www.force10networks.com/spain/products/eseries.asp
34   Disponible en: http://www.es.debian.org/ports/netbsd/
35   Más información en: http://www.gentoo.org/proj/en/gentoo-alt/bsd/
36   Disponible en: http://www.jibbed.org/
37   Disponibles en: http://bsdnetwork.blogsome.com/2007/08/19/polybsd-and-pocketsan/
38   Disponible en: http://quetzal.matem.unam.mx/
39   Disponible en: http://sourceforge.net/projects/anonym-os/
40   Disponible en: http://kaw.ath.cx/openbsd/?en/LiveCD
41   Disponible en: http://mirbsd.mirsolutions.de/
42   Disponible en: http://g.paderni.free.fr/olivebsd/

7.7. Sistemas BSD comerciales

Actualmente solo existe un sistema operativo de la familia BSD desarrollado por una compañía.

7.7.1. BSD/OS

BSD/OS (originalmente llamado BSD/386 y, a veces conocido como BSDi) era un derivado más antiguo de 4.4BSD. No era código abierto pero era posible conseguir licencias de su código fuente a un precio relativamente bajo. Se parecía a FreeBSD en muchos aspectos. El 31 de diciembre de 2004 se finalizó el desarrollo y venta de este sistema.

7.7.2. Solaris

Solaris[43], desarrollado primero por Sun Microsystems y actualmente por Oracle Corporation, inicialmente estuvo basado en 4.1BSD, pero luego se basó en UNIX System V Release 4 (Solaris 2 - SunOS 5). Actualmente Solaris y OpenSolaris ya no son de la familia BSD. Solaris es un sistema certificado oficialmente como versión de Unix. Funciona en arquitecturas SPARC y x86 para servidores y estaciones de trabajo.

El primer sistema operativo de Sun nació en 1983 y se llamó inicialmente **SunOS**. Estaba basado en el sistema UNIX BSD, de la Universidad de Berkeley, del cual uno de los fundadores de la compañía fue programador en sus tiempos universitarios. Más adelante incorporó funcionalidades del System V, convirtiéndose prácticamente en un sistema totalmente basado en System V.

Esta versión basada en System V fue publicada en 1992 y fue la primera en llamarse **Solaris**, más concretamente *Solaris 2*. Las anteriores fueron llamadas *Solaris 1* con efecto retroactivo. Desde ese momento se distingue entre el núcleo del sistema operativo (SunOS), y el entorno operativo en general (Solaris), añadiéndole otros paquetes como Apache o DTrace. De esta forma Solaris 2 contenía SunOS 5.0, y Solaris 8 contiene SunOS 5.8.

Aunque Solaris fue desarrollado como software privativo, la mayor parte de su código se ha liberado como proyecto de software libre denominado *OpenSolaris*. Solaris es conocido por su escalabilidad, especialmente en sistemas SPARC, y por ser origen de innovadoras tecnologías, como **DTrace** (sistema de rastreo y monitoreo abarcativo y dinámico para diagnosticar problemas de *kernel* y aplicaciones en sistemas de producción en tiempo real) y **ZFS** (nuevo sistema de archivos dinámico de 128 bits).

---

[43]   Disponible en: http://www.oracle.com/solaris

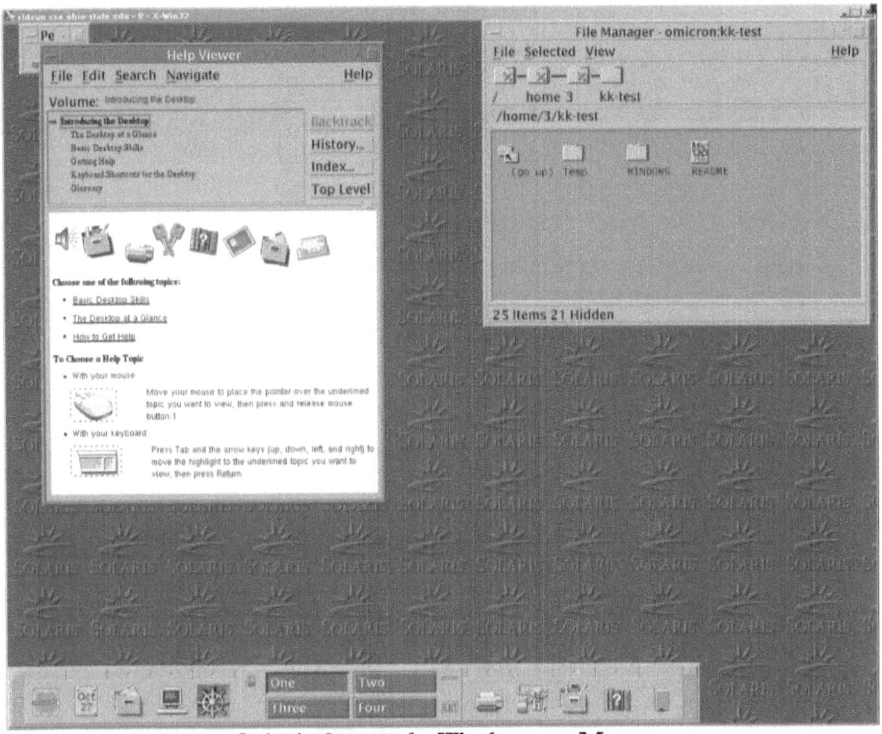

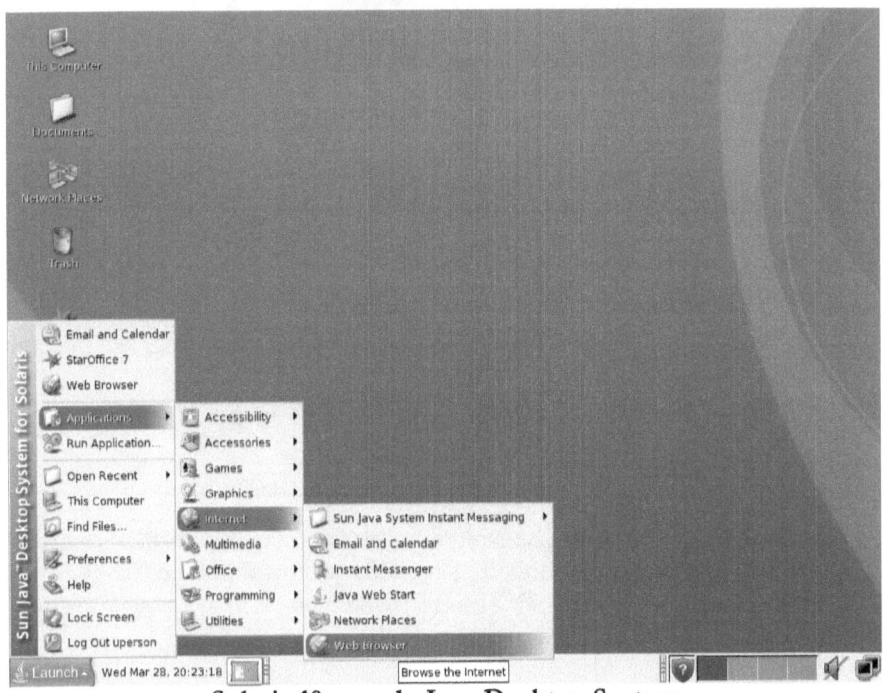

Solaris 8 usando Workspace Menu

Solaris 10 usando Java Desktop System

7.7.3. Darwin

Mac OS X

Mac OS X[44] es la última versión del sistema operativo para la gama Macintosh de Apple Computer Inc. El núcleo BSD Unix de éste sistema operativo, **Darwin**, está libremente disponible como sistema operativo de fuente abierto totalmente funcional para arquitecturas x86 y PPC.

Darwin integra el micronúcleo Mach y servicios de sistema operativo de tipo UNIX basados en FreeBSD. En realidad, se trata de una evolución del sistema operativo NeXTSTEP desarrollado por NeXT en 1989 y comprada por Apple Computer en diciembre de 1996.

El sistema gráfico Aqua/Quartz y la mayoría de las demás aspectos característicos de Mac OS X son código cerrado. Varios desarrolladores de Darwin son también "committers" de FreeBSD y viceversa.

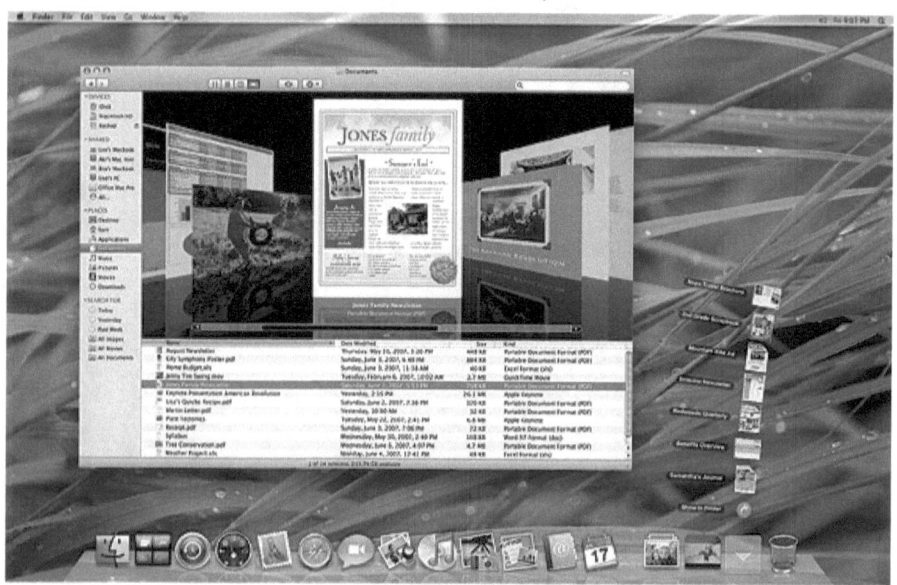

Mac OS X 10.5 "Leopard"

7.8. Diferencias entre los sistemas operativos

7.8.1. Diferencias entre los sistemas BSD

NetBSD es desarrollado para múltiples plataformas. **OpenBSD** equivale a un NetBSD con mayor seguridad. **FreeBSD** es muy práctico y funcional en plataformas x86 pero **PC-BSD** claramente tiene por objetivo ser

---

[44]   Más información en: http://www.apple.com/macosx/

inmediatamente operacional y de fácil uso. Estas cuatro soluciones poseen una gran lista de programas.

Así como la instalación de NetBSD y OpenBSD pueden desalentar a un usuario de Windows no acostumbrado a la consola, la instalación de FreeBSD se parece a la instalación de la distribución Slackware Linux mientras que la instalación de PC-BSD se parece a la instalación de MS-Windows, o de las distribuciones Mandriva, openSUSE o Ubuntu.

A veces pueden parecer difíciles y no aceptar algunos dispositivos muy modernos, pero su estabilidad, rendimiento y seguridad son indiscutibles. Son verdaderos Unix, gratuitos y compatibles con GNU/Linux.

7.8.2. Uso de sistemas BSD en PCs de escritorio

PC-BSD y **DesktopBSD** llevan KDE sobre FreeBSD, son fáciles de usar (configuraciones "automágicas" y demás), y cuentan con acceso a los *ports* de FreeBSD, muy actuales y de confianza, en eso son similares.

Las diferencias:

o PC-BSD tiene, como punto (supuestamente) fuerte, el uso de paquetes instalables que llevan todas las dependencias necesarias, como los .exe de Windows. Con esos paquetes se puede también actualizar el sistema. Lamentablemente estas versiones no suelen ser muy actuales, y la integración en KDE de las aplicaciones así instaladas no es muy buena, ya que no se encuadran en las categorías comunes del menú K.

o DesktopBSD instala paquetes gráficamente, pero al estilo mayoritario en Linux (repositorios, librerías, etc.) Es un proyecto más cercano a FreeBSD, ya que suele limitarse a dar acceso gráfico a las herramientas naturales de FreeBSD.

7.8.3. Diferencias con GNU/Linux

Existe una gran cantidad de distribuciones GNU/Linux. Las cuales poseen bastantes (¿demasiados?) programas y muchos realizando las mismas tareas.

En cambio, existen pocas variantes de BSD y los programas que vienen con ellos son mucho menos a fin de no tener programas que realicen la misma tarea.

El núcleo de BSD tiene menos funcionalidades que el de Linux pero debido a esto gana en estabilidad y rendimiento.

Es más difícil dominar BSD que GNU/Linux. Un experimentado usuario de GNU/Linux vería en BSD una antigua distribución GNU/Linux. Los que están acostumbrados al mundo de ventanas de Windows y no a la consola de comandos, estarán desconcertados con BSD.

8. ¿Qué es el sistema de ventanas X?

El **X Window System** (en español, Sistema de Ventanas X) fue desarrollado a mediados de los años 1980 en el MIT para dotar de una interfaz gráfica a los sistemas Unix. Este protocolo permite la interacción gráfica en red entre un usuario y una o más computadoras haciendo transparente la red para éste. Generalmente se refiere a la versión 11 de este protocolo, **X11**.

X es el encargado de mostrar la información gráfica y es totalmente independiente del sistema operativo. Debido a que emplea un esquema cliente-servidor, se puede decir que **X** se comporta como una terminal gráfica virtual.

8.1. Configuración del X

El "X", "X Window System", o "X11", es el **sistema de ventanas** de Unix en general, y de BSD en particular. Recalco la palabra sistema porque simplemente maneja los eventos que se producen (pulsaciones de teclas, de botones de ratón, movimientos de puntero, etc.), pero no hace nada con ellos (por sí mismo).

Esto implica que haya una diferencia entre sistema de ventanas y **entorno de ventanas**, que es el que realmente fija cuál es el aspecto del entorno de trabajo, y cómo se maneja. A su vez, esto provoca que haya muchos entornos de ventanas disponibles, por lo que cada uno puede escoger el que mejor se adapte a sus necesidades. Además, suelen ser muy configurables, de tal manera que dos usuarios que utilicen el mismo entorno de ventanas pueden tener una forma de trabajar y un escritorio con un aspecto completamente diferente.

8.1.1. X.Org

X.Org es una implementación de código abierto del X Window System, que surge como bifurcación de proyecto XFree86.

8.2. Entornos de escritorio

Los entornos de escritorio (también llamados ambientes gráficos, administradores de ventanas, o entornos de ventanas) son la interfaz que se le ofrece al usuario para interactuar con el PC. A diferencia de Windows o MacOS, que poseen una única interfaz de escritorio, BSD ofrece la posibilidad de utilizar varios entornos de ventanas, lo que permite personalizar el aspecto del sistema operativo, sus iconos, ventanas y herramientas.

8.2.1. KDE

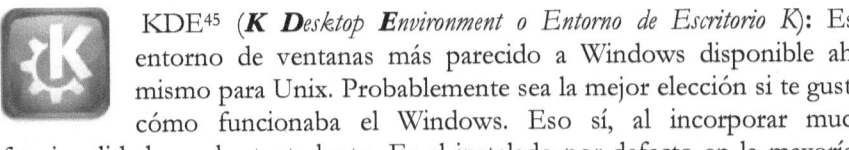

KDE[45] (***K** **D**esktop **E**nvironment* o *Entorno de Escritorio K*): Es el entorno de ventanas más parecido a Windows disponible ahora mismo para Unix. Probablemente sea la mejor elección si te gustaba cómo funcionaba el Windows. Eso sí, al incorporar muchas funcionalidades es bastante lento. Es el instalado por defecto en la mayoría de sistemas BSD.

Konqui, mascota de KDE.

Algunas características destacables:

o Facilidad de uso.

o Panel al cuál agregar numerosos *applets* (pequeños programas).

o Aspecto y comportamiento altamente configurables.

o Aspecto consistente de todas las aplicaciones KDE.

o Explorador de archivos muy potente llamado Konqueror.

o Un escritorio completamente transparente en red.

o Gran número de útiles aplicaciones KDE.

o Centro de Control similar al Panel de Control de Windows.

o Internacionalización: KDE está disponible en más de 40 idiomas.

o Sistema de ayuda integrado que facilita un acceso adecuado y consistente a la ayuda durante el uso de KDE y sus aplicaciones.

---

[45] Disponible en: http://www.kde.org/

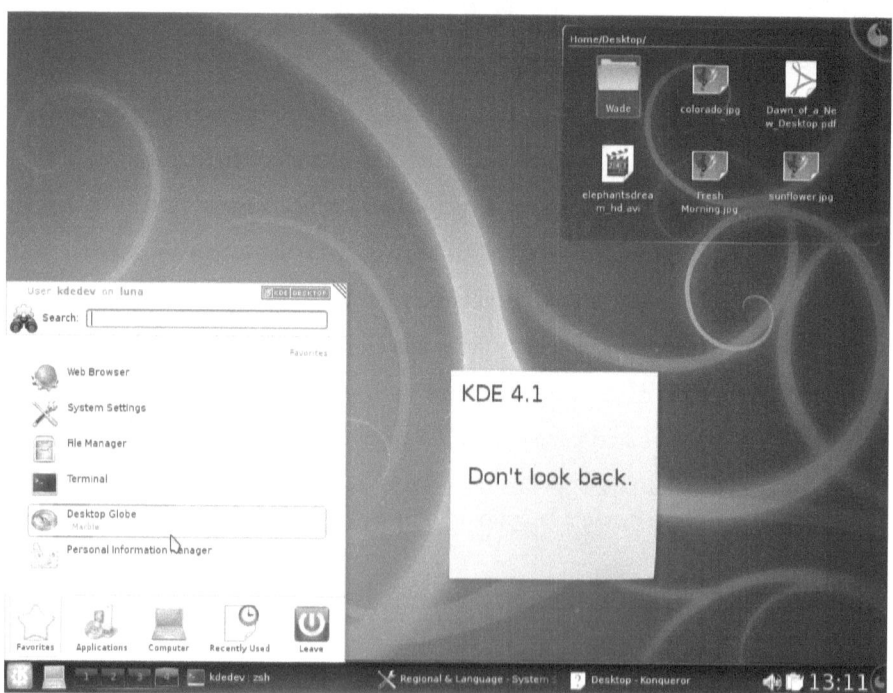

Escritorio KDE 3.5

Escritorio KDE 4.1

8.2.2. GNOME

GNOME[46] (*GNU Network Object Model Environment o GNU entorno de trabajo en red orientado a objetos*): Es la principal alternativa a KDE y una buena opción para quienes prefieren un entorno menos barroco aunque quizás posea a primera vista una interfaz menos familiar para los usuarios de Windows.

GNOME incluye un panel (para iniciar las aplicaciones y mostrar su estado), un escritorio (donde pueden colocarse los datos y las aplicaciones), un conjunto de herramientas y aplicaciones de escritorio estándar y un conjunto de convenciones para facilitar la creación de aplicaciones que sean consistentes y colaboren unas con otras. Los usuarios de otros sistemas operativos pueden sentirse como en casa utilizando el amigable y poderoso entorno GNOME.

Principales ventajas:

- o   Presenta un escritorio simple y agradable.

- o   Los diálogos y los menús que se muestran al usuario suelen ser simples y fácilmente entendibles.

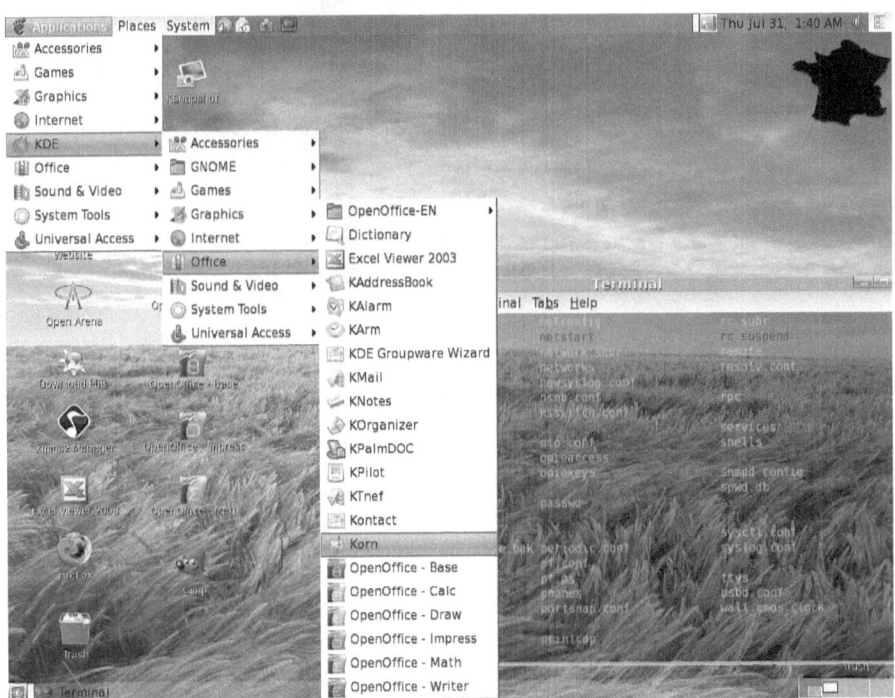

Escritorio GNOME 2.22 en PC-BSD 1.5

---

46   Disponible en: http://www.gnome.org/ , o en español en http://www.es.gnome.org/

8.2.3. Enlightenment

Enlightenment[47], también conocido simplemente como **E**, es un entorno de ventanas ligero para Unix, *BSD y GNU/Linux. Actualmente también es posible ejecutar las EFL (*Enlightenment Foundation Libraries*) en Windows XP. Uno de sus objetivos es llegar a ser un entorno de escritorio completo.

Posee una interfaz realmente agradable y altamente configurable, en la cual se pueden plasmar libremente los gustos del usuario. Visualmente es muy atractivo.

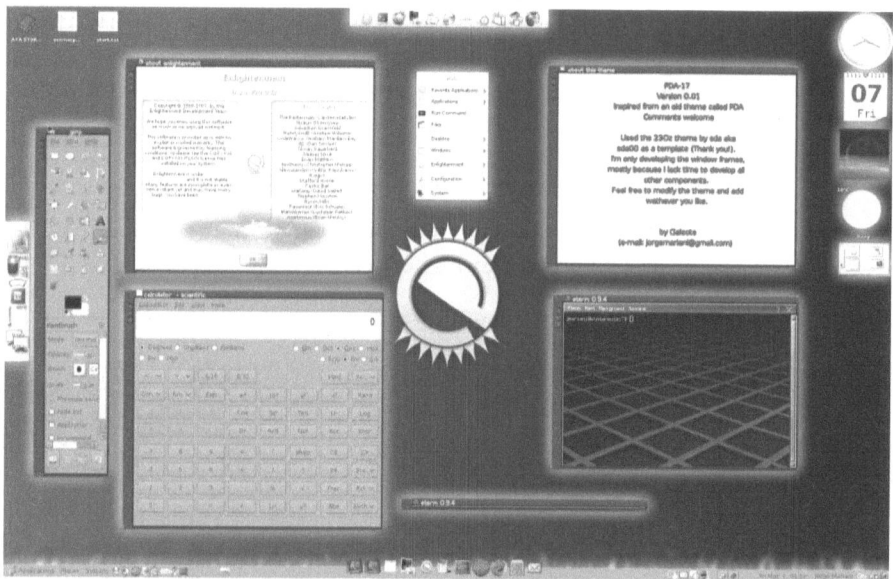

Escritorio Enlightenment

Algunas características:

○ Espectacular estética y efectos gráficos.

○ Los *epplets*, pequeñas aplicaciones que sirven desde monitorizar hasta ejecutar aplicaciones o regular el volumen de nuestra tarjeta de sonido.

○ El *iconbox* sustituye a la barra de tareas, pero sólo contiene las ventanas minimizadas.

○ Tiene *swicht* para las aplicaciones abiertas ("**Alt+Tab**"), pero sólo para las que no están minimizadas.

○ No tiene iconos para acceso rápido.

---

[47]   Disponible en: http://www.enlightenment.org/

8.2.4. Xfce

Xfce[48] (***X F**orm **C**ool **E**nvironment*): Se pronuncia como cuatro letras por separado, es un entorno de escritorio más sencillo y que consume menos recursos del sistema, por lo que es más adecuado para equipos con menos recursos de hardware, como RAM o CPU. Viene con una barra de tareas muy práctica (parecida al VUE, de HP-UX). Probablemente tardes en acostumbrarte si te gusta el de Windows.

Su creador, Olivier Fourdan, lo describe así: *"Xfce es un entorno de escritorio ligero para varios sistemas *NIX. Diseñado para la productividad, carga y ejecuta las aplicaciones rápidamente, mientras que conserva los recursos del sistema."*

Personifica la filosofía tradicional de Unix sobre modularidad y reusabilidad. Está formado por un extenso número de componentes que proporcionan toda la funcionalidad que uno puede esperar de un entorno de escritorio moderno. Éstos se encuentran disponibles de manera independiente y puede elegir entre todos los paquetes existentes para crear el entorno de trabajo que mejor se adapte a sus necesidades. Otra prioridad es el cumplimiento de estándares, sobre todo aquellos definidos en freedesktop.org.

Xfce puede ser instalado en varias plataformas Unix; así como en Linux, BSD, Solaris, Cygwin y MacOS X, sobre x86, PPC, Sparc, Alpha...

Escritorio Xfce 4.4 en FreeBSD

---

48   Disponible en: http://www.xfce.org/ , o en español: http://www.xfce.org/?lang=es

8.3. ¿Cómo se trabaja en BSD?

Un sistema BSD tiene dos maneras para trabajar: modo texto (que veremos en el siguiente apartado) y modo gráfico.

El modo gráfico permite trabajar con ventanas de manera similar al Explorador de Windows (*Windows Explorer*), el gestor de archivos desde Windows 95.

Un **administrador** o **gestor** o **explorador de archivos** (del inglés *file manager*) permite navegar por el árbol de directorios, provee acceso a archivos y facilita el realizar operaciones con ellos, como copiar, mover o eliminar archivos.

- **Dolphin**[49], (en español, *delfín*), el gestor de archivos oficial del entorno de escritorio KDE, a partir de su versión 4.0.

  Enfocado a la usabilidad, sus principales características son:

  - Barra de navegación para URL, que permite navegar rápidamente a través de la jerarquía de archivos.

  - Ver las propiedades de cada directorio.

  - Permite división de vistas (visualizar dos directorios a la vez).

  - Transparencia de red.

  - Funcionalidad de Deshacer/Rehacer.

  - Navegación por pestañas.

  - Vista previa del contenido de las carpetas.

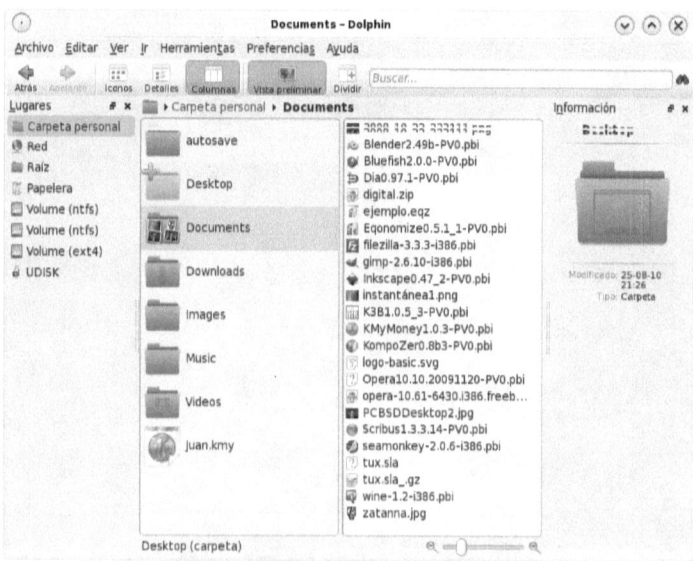

Gestor de archivos Dolphin

---

[49]   Disponible en: http://dolphin.kde.org/

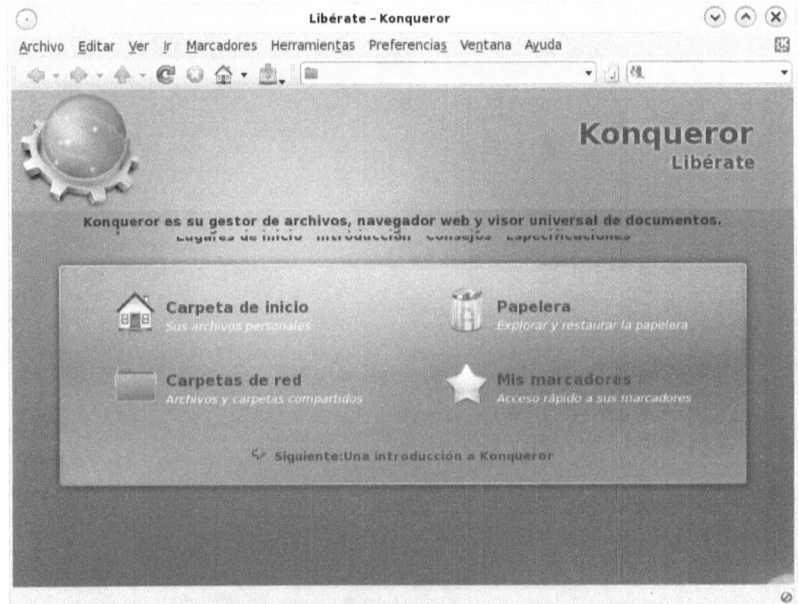

- **Konqueror**[50], es un gestor de archivos, navegador web y visor universal de documentos. Forma parte oficial del proyecto KDE. Consume muy pocos recursos y es muy personalizable.

Gestor de archivos Konqueror en PC-BSD

El nombre es un juego de palabras con el nombre de otros navegadores: primero vino Navigator (navegador), después Explorer (explorador), y finalmente Konqueror (conquistador). Además, sigue la convención de KDE de contener la letra K en el nombre.

Konqueror permite:

o Visualizar contenidos de múltiples directorios en simultáneo.

o Ordenar los elementos de cada directorio según criterios preestablecidos (por fecha, tamaño, nombre, tipo, etc.)

o Generar previsualizaciones de archivos de texto, documentos HTML, imágenes y vídeos en el acto.

o Mover, copiar, eliminar, crear, ejecutar, visualizar y editar archivos y directorios desde menús simples.

o Soporta navegación por directorios locales, mediante la introducción de la ruta en la barra de direcciones o la selección de iconos en los paneles.

---

[50]   Disponible en: http://www.konqueror.org/

- **muCommander**[51], es un gestor de archivos muy ligero y multiplataforma con un interfaz al estilo del Norton Commander que puede ser ejecutado en cualquier sistema operativo con soporte Java (Mac OS X, Windows, Linux, *BSD, Solaris...)

Está disponible en el directorio de pbis: http://pbidir.com

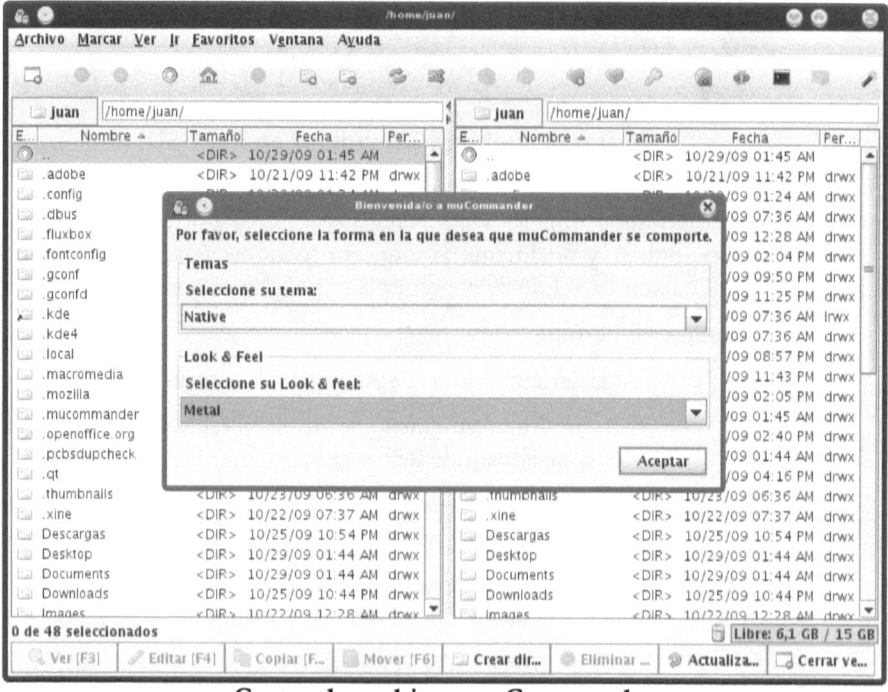

Gestor de archivos muCommander

---

51   Disponible en: http://www.midnight-commander.org/

- **Midnight Commander**[52], (mc) es un gestor de ficheros que funciona en modo texto para sistemas tipo Unix (también existe para la plataforma Windows) y es un clon de la aplicación comercial Comandante Norton (Norton Commander) para sistemas DOS.

Posee las funcionalidades básicas del original y otras muchas nuevas, así como un aspecto prácticamente idéntico. Incluye un gestor de transferencias FTP y un cliente del protocolo SSH.

Para instalarlo basta con teclear lo siguiente (se supone está instalada la colección de *ports* de FreeBSD):

```
cd /usr/ports/misc/mc
make install clean
```

O si empleamos el sistema de paquetes:

```
pkg_add -r mc
```

En ambos casos, se bajaran de Internet los archivos necesarios para su instalación, se compilaran (en el sistema de *ports*) e instalaran en *BSD.

Midnight Commander dentro de Konsole

---

52   Disponible en: http://www.mucommander.com/

8.4. Terminales X

A pesar de que X es un bonito entorno, que esconde la temida por muchos líneas de órdenes, BSD sigue existiendo tal y como era antes. Y esto es bueno. Entre otras cosas, significa que puede ejecutar cualquier utilidad para *BSD desde X, básicamente lo único que hace X es tomar prestada la pantalla y dibujar un poco, para hacer las cosas más agradables a la vista. Y para poder ejecutar los programas de X.

Un **intérprete de órdenes**, **intérprete de comandos**, **terminal**, **consola**, **shell** o **CLI** (del inglés ***Command Line Interface***) es una aplicación informática que actúa como interface para comunicar al usuario con el sistema operativo mediante pantalla completa o ventana que espera órdenes escritas por el usuario en el teclado (ej. *cd directorio*), las interpreta y entrega al sistema operativo para su ejecución. La respuesta del sistema operativo se muestra al usuario en la misma ventana. A continuación, el programa *shell* queda esperando más instrucciones.

Aún desde el entorno gráfico es posible abrir **terminales virtuales**, que se encuentran en los distintos menús de cada entorno gráfico. Ejemplos de programas de consolas son: `konsole`, `xterm`, etc. Lo interesante es que son terminales encerradas en ventanas. Si bien se puede trabajar en modo texto dentro del entorno gráfico lo inverso no es posible. No hay manera de abrir una ventana dentro de cualquiera de las terminales.

También desde el modo gráfico se puede pasar a las pantallas negras de texto puro. Para pasar a estas terminales virtuales se usa el atajo de teclado "**Ctrl+Alt+Fn**", donde n es el número de terminal virtual. Se tiene generalmente hasta ocho terminales. Para pasar entre terminales se utiliza la combinación de teclas "**Alt+Fn**". Para pasar de una terminal al entorno gráfico número 9 se emplea el atajo "**Alt+F9**".

En cada una de las terminales pueden iniciar una sesión distintos usuarios, ingresando su nombre de usuario y luego su contraseña. Si bien el usuario de Windows o Mac suele temer al modo texto esto no debería ser así, *BSD en su modo textual tiene una línea de comandos mucho más poderosa y amigable que el viejo MS-DOS. Aunque no es imprescindible, conocer algunas cosas sumamente básicas del uso del modo texto puede resultar de gran ayuda.

La línea de órdenes es muy útil para ejecutar programas de X que no tienen un "acceso directo" visible. Simplemente teclea el nombre el programa, presiona "**Enter**" y él se cargará. Eso sí, cogerá la terminal y no dejará escribir nada más.

- o Si no has arrancado el programa, puedes arráncalo en segundo plano poniendo un signo "**&**" al final. Por ejemplo: `juan% netscape &`

o Si ya lo has arrancado, puedes mandarlo a segundo plano, y decirle que se siga ejecutando en segundo plano. Para lo primero, pulsas "**Ctrl-Z**", para lo segundo, escribes la orden bg (de *background*, segundo plano).

8.4.1. Manejar archivos desde el *shell*

Algunos comandos básicos para administrar archivos desde el *shell* son:

o **ls** (*list*): listar el contenido de un directorio.

o **ls —al**: listado con atributos y archivos ocultos.

o **cd** (*change directory*): cambiar al directorio home.

o **cd newdir/**: moverse al directorio *newdir*.

o **pwd** (*print working directory*): muestra la ruta del directorio actual.

o **rm file** (*remove*): borrar el archivo *file*.

o **rm —r dir**: borrar el directorio *dir*.

o **rm —f file**: borrar *file* sin emitir mensajes de error.

o **rm —rf dir**: igual que el anterior pero con el directorio *dir*.

o **cp file1 file2** (*copy*): copiar *file1* en *file2*.

o **cp —r dir1 dir2**: copiar el *dir1* en *dir2* (si no existe se crea)

o **mv file1 file2** (*move*): renombra *file1* como *file2*. Si *file2* es un directorio lo mueve dentro del mismo.

o **ln —s file link**: crear un enlace simbólico (*symbolic links*) de *link* hacia *file*.

o **touch file**: crea (si no existe) o actualiza *file*.

o **mkdir dir** (*make directory*): crear el directorio *dir*.

o **cat > file**: redirecciona la entrada estándar a *file*.

o **more file**: muestra el contenido de *file*.

o **head file**: muestra las 10 primeras filas de *file*.

o **tail file**: muestra las 10 últimas filas de *file*.

o **tail —f file**: muestra las 10 últimas filas de *file* a medida que va creciendo.

o **more file**: muestra el contenido de *file*.

o **rename**: cambia el nombre de un archivo.

o **file file**: muestra las propiedades del archivo *file*.

9. Trabajando con BSD

9.1. Una vez encendida la computadora, ¿cómo sigo?

Si solamente se posee BSD, hay que esperar a que termine el proceso de arranque, si también se posee Windows en la computadora, se deberá prestar atención al programa de arranque, el cual nos da la posibilidad de elegir qué sistema operativo iniciar.

Si se decidió conservar Windows habrá una opción correspondiente al mismo. Se puede elegir usando las flechas del cursor y luego la tecla "**Enter**". La opción que se encuentra primero es la que se carga de manera predeterminada.

Con el gestor de arranque de FreeBSD y si ha instalado varios sistemas operativos en sus discos duros, entonces al momento de arrancar el sistema, visualizará una pantalla similar a la siguiente:

```
F1 DOS

F2 FreeBSD

F3 Linux


Default: F2
```

Importante

Si otro sistema sobrescribe el gestor de arranque de FreeBSD con el suyo, y desea reemplazarlo, utilize la siguiente orden:

```
# fdisk -B -b /boot/boot0 dispositivo
```

Siendo `dispositivio` **aquel desde el cual se pretende arrancar el sistema, tal como** `ad0` **para el disco conectado al primer IDE,** `ad2` **para el disco maestro conectado al IDE secundario, etc.**

9.2. ¿Cómo se empieza a usar un sistema BSD?

En *BSD es obligatorio ingresar el nombre del usuario (*login*) y la contraseña (*password*). Al proceso de inicio de una sesión por parte de un usuario en el sistema se llama **login**.

Hay dos tipos de login:

1. **Modo texto**: Se introduce el nombre de usuario (*login*) y luego la contraseña (*password*).

   Aquí se presenta una interfaz de texto puro. Para pasar al modo gráfico, se debe ingresar el comando startx. [/tmp/.X0-lock]

Importante
Para *BSD "A" no es lo mismo que "a", es decir, diferencia entre mayúsculas y minúsculas.

2. **Modo gráfico**: Es similar como se hace con Windows. Algunos **gestores de pantalla** son:

   a. **XDM** ("X Display Manager", o gestor de pantalla X): es el gestor de pantalla del X Window System. Desde aquí se presenta al usuario una pantalla de autenticación (*login*) que solicita el nombre de usuario y su contraseña.
   Generalmente ha sido reemplazado por el KDM o por el GDM.

   b. **KDM** ("KDE Display Manager"): es la interfaz gráfica de acceso para computadoras que se incluye con KDE. Aquí se procede de manera similar a la anterior. Ofrece muchas ventajas visuales y funcionalidad para permitir a los usuarios elegir su gestor de ventanas en el momento del acceso al sistema.
   Por lo general, una pantalla de acceso de KDM tiene una lista de usuarios a la izquierda, con sus nombre de usuario, su "nombre real" y opcionalmente puede tener una pequeña imagen o foto que puede ser elegida por el usuario o el administrador. Estos elementos pueden ser personalizados utilizando el Centro de Control de KDE.

   c. **GDM** ("GNOME Display Manager"): es similar al anterior, sólo que se ingresa el nombre de usuario y la contraseña en dos pasos distintos. Permite una fácil personalización con temas gráficos.

KDM, al igual que GDM, tiene una característica de autoconexión; los usuarios de sistemas operativos como Windows y MacOS X emplean esta característica alguna veces, la cual puede resultar insegura dependiendo de quien la utilice. Sin embargo, para activar dicha funcionalidad es necesario acceder como superusuario (root).

9.3. ¿Dónde está la unidad D correspondiente al CD?

Tradicionalmente en los sistemas *BSD los discos y particiones se montan. **Montar un sistema de archivos** significa básicamente unir un sistema de archivos al árbol de directorios. Esto se relaciona con la abstracción que se intenta lograr en BSD, ya que todo se maneja como archivos, todo se puede montar y desmontar (es decir sacarlo o agregarlo al árbol de directorios).

Las distribuciones actuales permiten el acceso transparente a las unidades extraíbles, así, las tareas de montar y desmontar se hacen automáticamente.

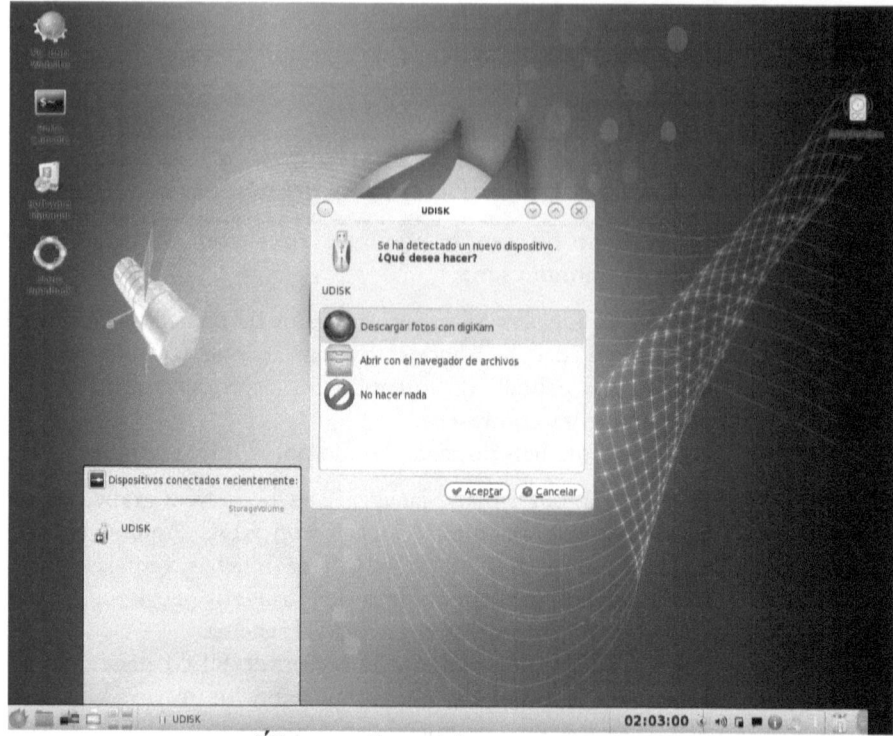

Últimos dispositivos conectados

Una vez detectado (y montado) el nuevo dispositivo, el sistema nos preguntará qué acciones deseamos realizar en él.

9.4. ¿Dónde están Mi PC y Mis Documentos?

La carpeta Mi PC que se usa en Windows y en algunas distribuciones y entornos de BSD es un tipo de carpeta especial que permite acceder rápidamente a carpetas y/o herramientas del sistema frecuentemente usadas.

Los sistemas BSD usan una estructura de carpetas (directorios) diferente a la de MS Windows. Cada directorio está relacionado con archivos específicos lo que permite mantener un sistema ordenado y la posibilidad de administrar mejor el sistema. Dentro del directorio `usr/home` se encuentra una carpeta por cada usuario del sistema, que contiene sus documentos y archivos de configuración.

Todos los directorios cuelgan de uno llamado raíz que se simboliza con una barra "**/**" (sin las comillas). De esta manera, la siguiente ubicación del archivo:

```
/home/juan/Documents/planificacion.sxw
```

Significa que el archivo `planificacion.sxw` está dentro del directorio `Documents`, el cual está contenido dentro de la carpeta `juan` la cual está dentro de la carpeta `home`, y ésta última dentro del directorio raíz.

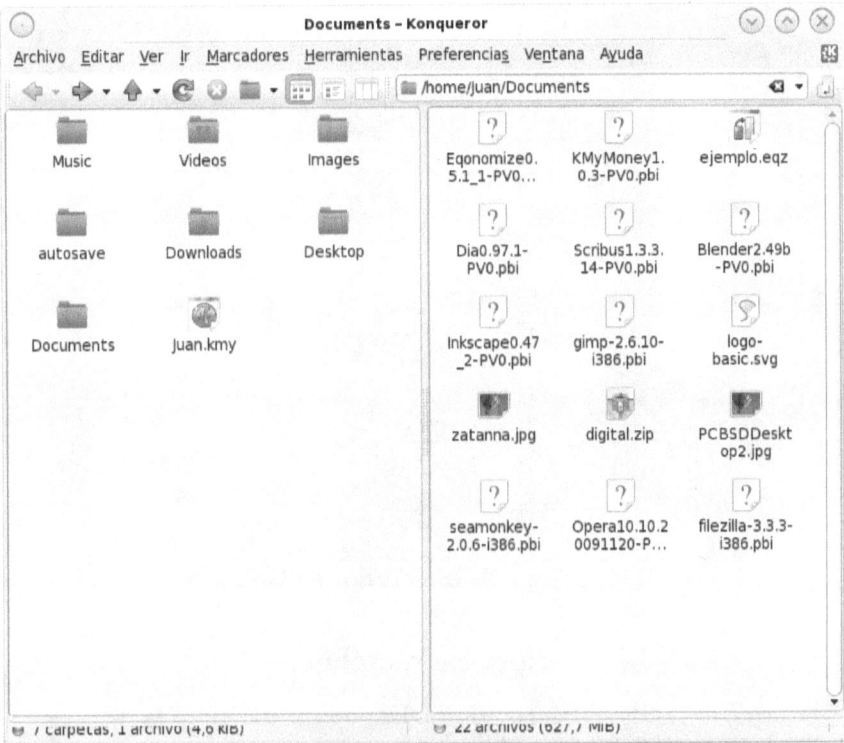

Árbol de directorios en Konqueror en vista izquierda/derecha

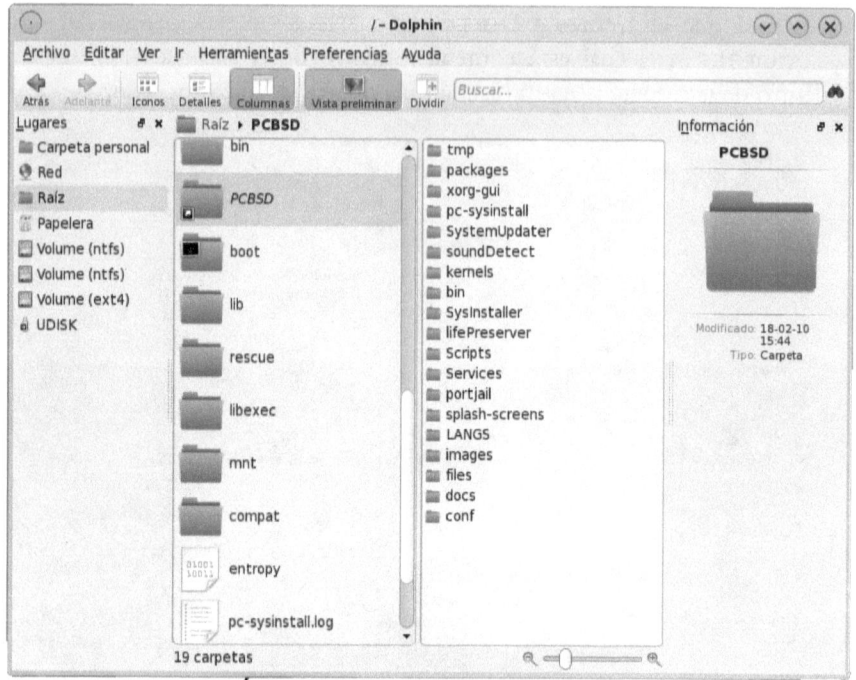

Árbol de directorios en Dolphin

9.5. ¿Y la papelera de reciclaje?

Tanto Xfce, GNOME como KDE poseen sus propias papeleras donde recuperar los archivos borrados.

Acceso a la papelera desde el lanzador de aplicaciones de KDE

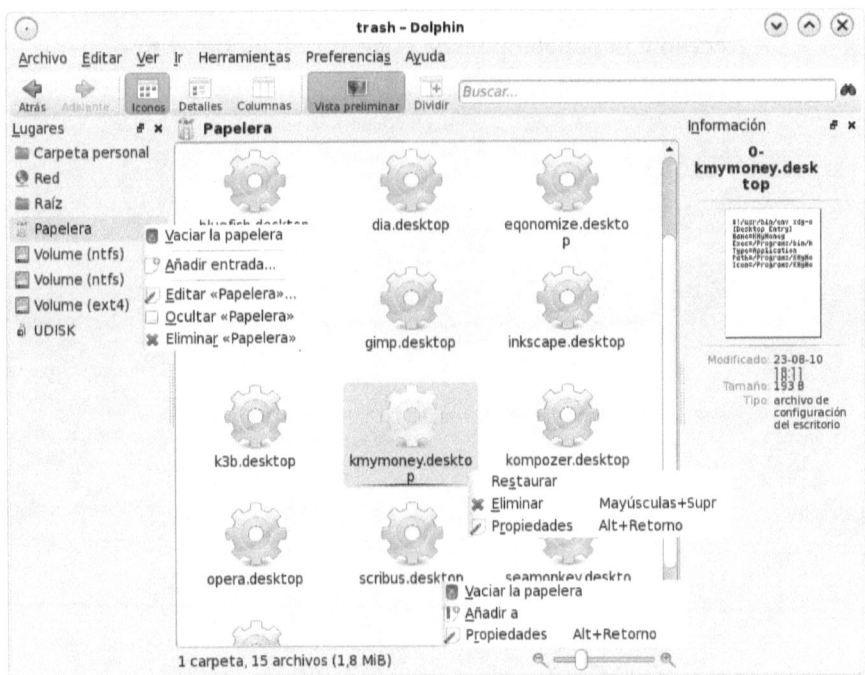

Dolphin mostrando la papelera con diferentes menús contextuales

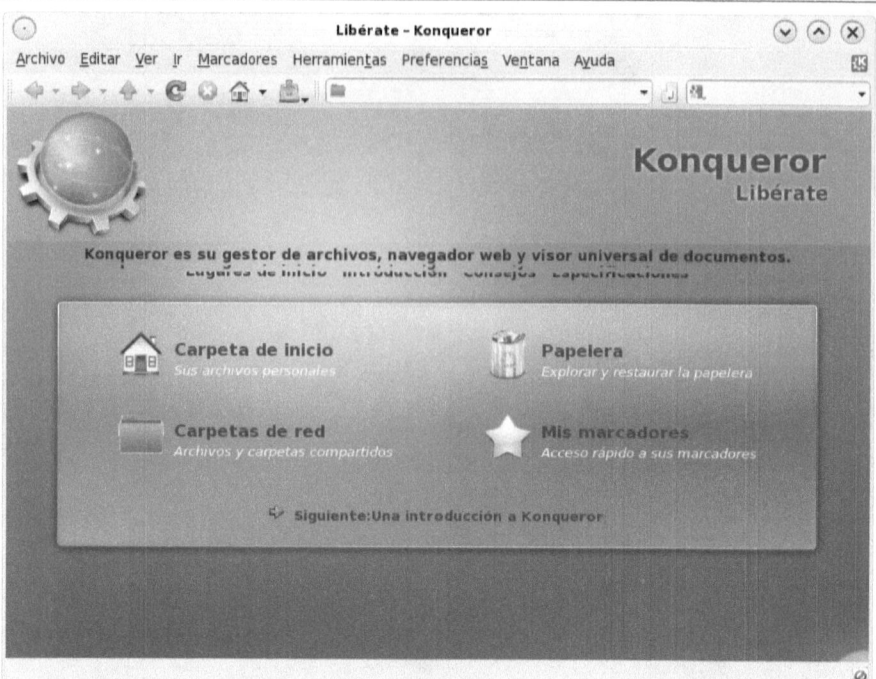

Acceso a la papelera desde el gestor de archivos Konqueror

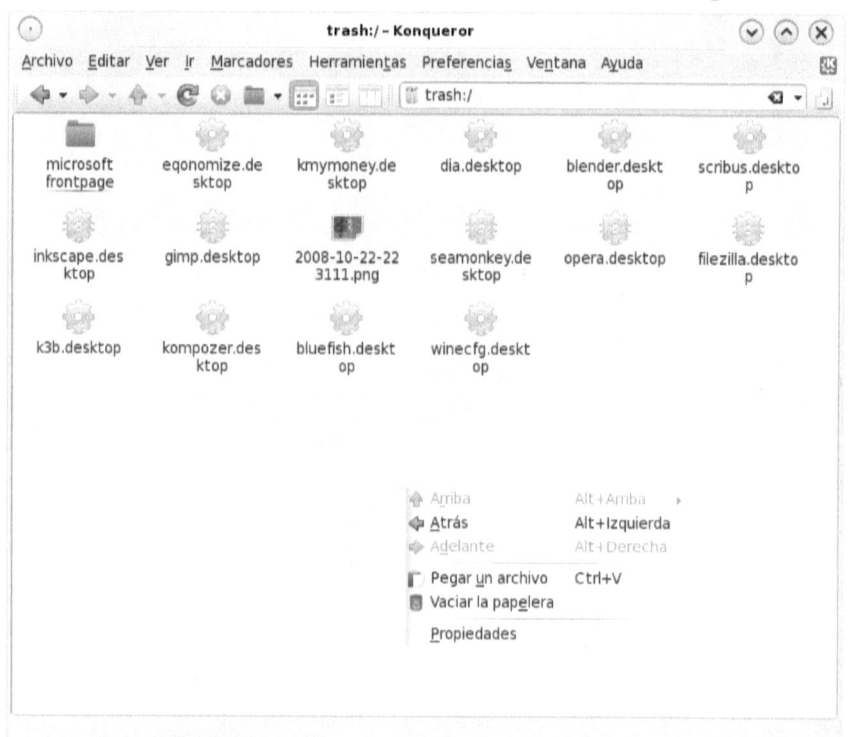

Konqueror mostrando la papelera

9.6. ¿Cómo se apaga el equipo?

Es importante apagar correctamente el sistema operativo. No basta con pulsar el interruptor.

1. **Modo texto:**

   Para salir del sistema desde modo texto se tienen que poseer las atribuciones del administrador del sistema (**root**). Para ello teclee en la línea de comandos el comando **su**. Luego se pedirá la contraseña del superusuario root.

   Una vez ingresada se tendrán los permisos para salir, entonces se tiene que ingresar el comando **halt** o el comando **shutdown -h now**.

   El sistema comenzará el proceso de cierre del sistema, se podrá apagar la computadora cuando aparezca un mensaje del tipo:

   ```
   The operating system has halted.
   Please press any key to reboot.
   ```

   Recuerde que al pulsar cualquier tecla el sistema se reiniciará en vez de apagarse.

2. **Modo gráfico:**

   En el entorno gráfico habrá alguna opción en algunos de los menús, barras o paneles para terminar la sesión gráfica. Las distribuciones más actuales, permiten al cerrar poder elegir opciones del tipo "Cerrar la sesión" , "Reiniciar el equipo", "Apagar el equipo". Elija esta última opción para iniciar el cierre del sistema.

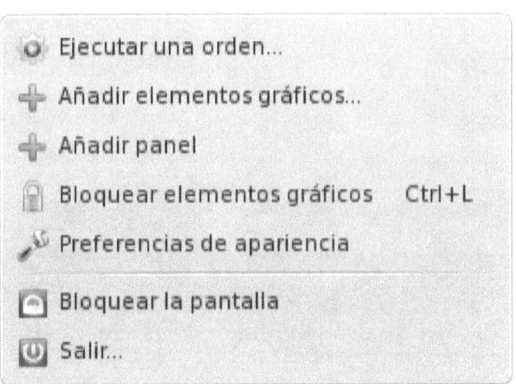

Menú contextual del escritorio KDE

También puede usar la combinación de teclas "**Ctrl+Alt+Supr**" para apagar el sistema, aunque no se lo recomiendo durante el funcionamiento normal de este.

Lanzador de aplicaciones – Apagar el equipo

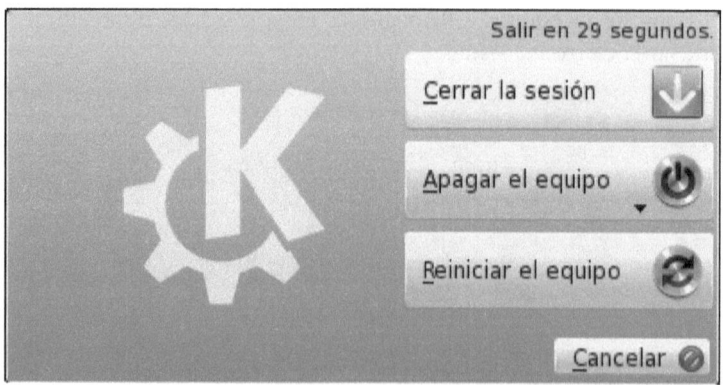

Cierre del sistema en KDE en PC-BSD 8

9.7. ¿Cómo se reinicia la maquina?

Es similar al punto anterior, la única diferencia es que debe elegir "Reiniciar..." y si está en una terminal de texto, los comandos a emplear son **reboot** o **shutdown -r now**.

9.8. ¿Cómo comprimir o descomprimir archivos?

Las tareas de descomprimir y comprimir un archivo se han facilitado enormemente en estos últimos tiempos.

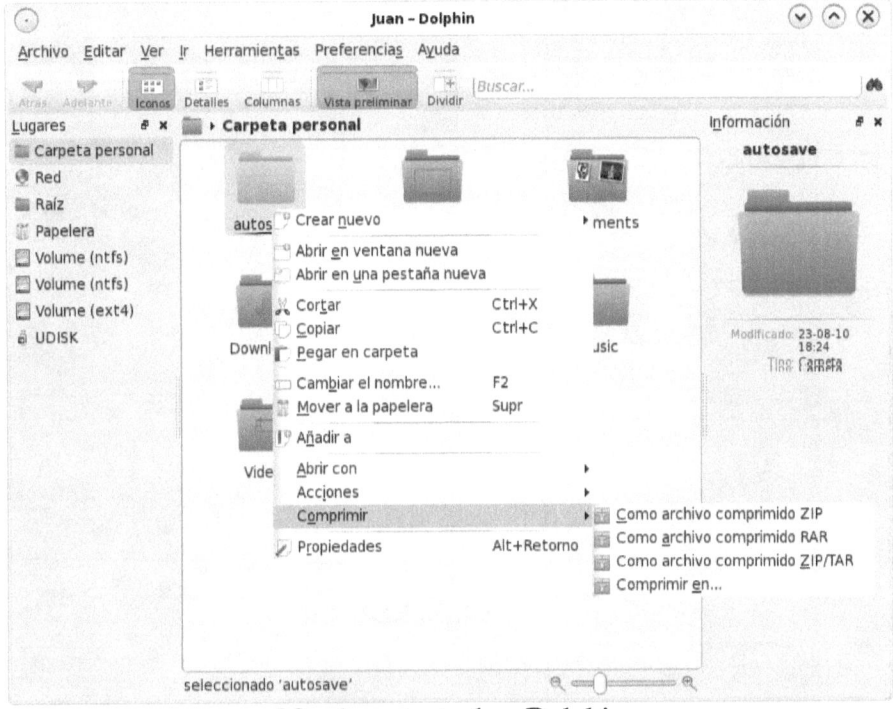

Menú contextual en Dolphin

En KDE por ejemplo, desde Dolphin o Konqueror, basta con hacer clic derecho sobre un archivo comprimido y seleccionar las opciones del menú que permiten explorarlo como una carpeta más o bien descomprimirlo.

Asimismo, se pueden seleccionar uno o más archivos y luego comprimirlos en diferentes formatos: .gz, .bz2, o .zip (si es uno solo); .tar.bz2, .tar.gz, o .zip (si son varios).

 En caso de querer usar una aplicación específica al estilo de WinZip, podrá usar **Ark**[53], una herramienta de archivado para el entorno de escritorio KDE.

Características:

o   Ark no reconoce ningún formato de archivo, sino que actúa como interfaz de archivadores de línea de órdenes. Puede trabajar con bastantes motores: 7z, tar, rar, zip, gzip, bzip2, lha, zoo, y ar.

o   Se puede integrar en Konqueror, y luego añadir o extraer ficheros del archivo usando los menús contextuales de Konqueror.

---

[53] Disponible en: http://utils.kde.org/projects/ark/

○ Creación de archivos con arrastrar y soltar.

○ Admite la edición de ficheros del archivo con programas externos. También se pueden borrar ficheros del archivo.

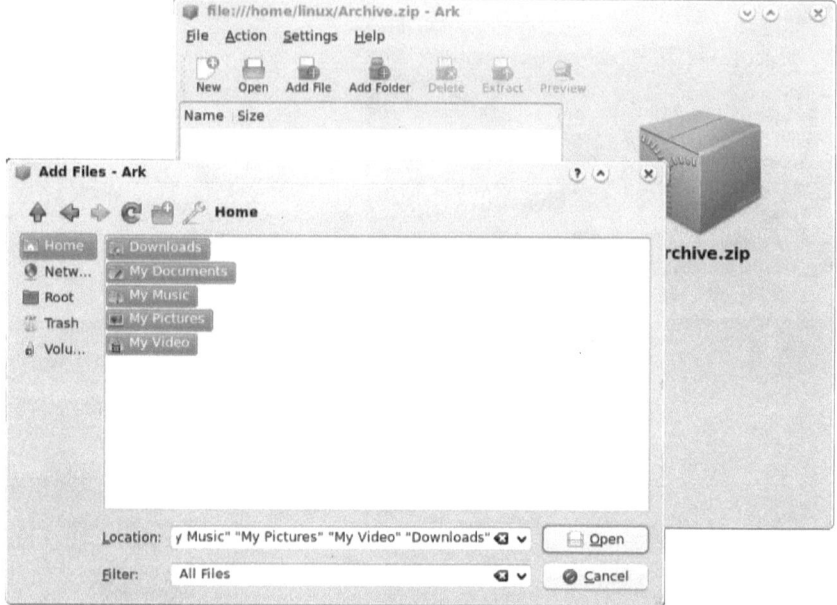

Ark en KDE 4.1

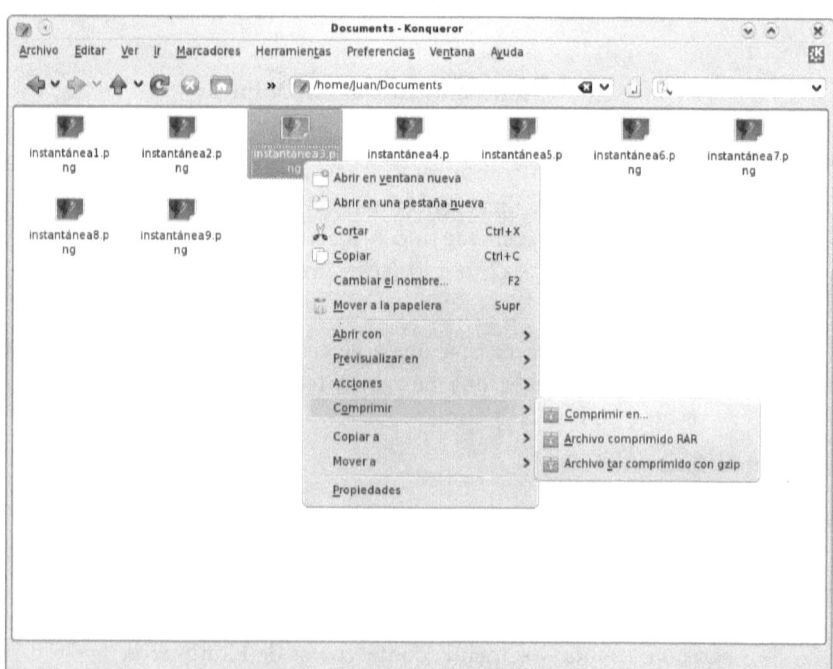

Menú contextual en Konqueror

9.9. Si se cuelga el sistema ¿Qué hacer en tal caso?

Los sistemas *BSD son tan, tan espartanos, que son estables porque no tienen casi nada para que pueda fallar. En *BSD el sistema X Window es un programa autónomo del sistema operativo. Esto significa que es no es algo preocupante (en general) que el X se cuelgue. No obstante, sí parece que todo el sistema se ha colgado, se deben seguir estos pasos:

1. Asegurarse de que el disco no está trabajando, si se ve que la luz de la caja que indica actividad del disco está encendida o parpadeando lo mejor será esperar unos minutos. Sorprenderá que más de una vez, tras esperan unos minutos, es muy probable que el sistema *BSD vuelva en sí y permita seguir trabajando. Si esto no es así acuda al siguiente paso.

2. Se debe intentar, dentro del entorno gráfico, ingresar el comando **xkill** (utilizando una terminal virtual, un menú, o un icono de acceso directo si es que lo hay) y hacer clic sobre la ventana que se ha colgado. Esto debería "destruir" la ventana.

3. Si lo anterior no da resultado, se puede intentar acabar por la fuerza la sesión de X Window, utilizando el atajo "**Ctrl+Alt+Retroceso**" (tecla que borra hacia la izquierda). Si esto funciona devolverá o bien a un login gráfico o sino a uno de texto.

4. Si nada de lo anterior funciona, y ve que el disco no está en actividad, se tendrá que resetear desde el botón de la caja.

Tenga en cuenta que el paso 2 generalmente destruye la ventana pero no cierra la aplicación colgada. Es recomendable usar una herramienta (tipo Guardián del sistema de KDE o Monitor del sistema GNOME) que permitan buscar el software que ocasionó el problema y forzar su terminación.

Si bien no es imposible que una computadora con *BSD instalado se cuelgue, es mucho más infrecuente e improbable que en otros sistemas hogareños o aún corporativos. Es por eso que de suceder con frecuencia el bloqueo total del sistema eso se deberá a que o bien hay un severo problema de hardware (con frecuencia causado por microprocesadores recalentados o por memorias defectuosas) o el sistema tiene un error importante en la configuración global.

9.10. ¿En qué casos se debe iniciar sesión como root?

Hay que recordar que **root** es nada más y nada menos que una cuenta de usuario empleada por el administrador del sistema. Se debe tener en cuenta que aun cuando se cumpla ese rol, es altamente conveniente poseer una cuenta de usuario común. La razón es que el usuario root tiene poder casi absoluto sobre el sistema, entonces un error puede costar caro. Se necesita iniciar una sesión como root, o tener las atribuciones del mismo, para:

o   Instalar y desinstalar programas.

o   Configurar dispositivos de hardware.

o   Crear y modificar cuentas de usuario.

o   Apagar el sistema en modo texto.

o   Modificar (e incluso en algunos casos leer) ciertos archivos del sistema.

o   Ver y/o modificar archivos de otros usuarios.

o   Ejecutar programas especiales.

o   Para montar ciertos sistemas de archivos.

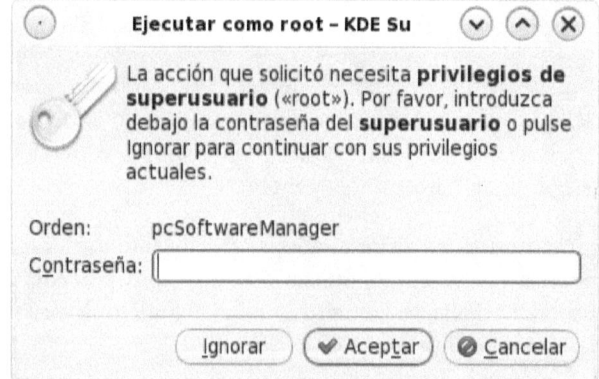

Ejecutar como root

Como se puede apreciar, de esta manera es más fácil preservar la integridad del sistema. Un usuario común si cometiera errores, sólo afectaría a sus documentos, es por esto que el peligro de los virus se reduce notablemente.

9.10.1. ¡Oh Dios, olvidé la contraseña de root!

Se puede utilizar el disco de la distribución instalada arrancando en modo rescate o un Live CD.

1.   Encendemos la computadora y comenzamos con *BSD y en la primera pantalla, que nos muestra varios opciones de inicio y que además tenemos 10 segundos para elegir, debemos presionar la opción de modo de usuario único (*"start *BSD in single user mode"*). El sistema comienza a iniciar hasta llegar a un prompt como el siguiente:

```
Enter fill pathname of shell or RETURN for /bin/sh:
```

2.   Presionamos "**Enter**".

3.   Necesitamos montar los sistemas de ficheros, el siguiente comando monta todos los sistemas de ficheros listados bajo /etc/fstab:

```
# mount -t ufs -a
```

Si no muestra ningún error entonces están montados correctamente.

4. Ahora procedemos a cambiar el *password* con el comando típico.

    ```
    # passwd
    ```

    Escribimos dos veces el nuevo *password* y listo.

5. Teclear **exit** para salir y reiniciar la computadora.

Importante

Una buena contraseña debe ser compleja para otras personas, pero fácil de recordar para el dueño de la cuenta.

9.11. ¿Cómo buscar archivos en BSD?

Modo texto: En el *shell* tenemos varios comandos para buscar archivos por nombre, ubicación o propiedades:

o   find: Para buscar un archivo o mostrar una jerarquía de archivos.

    find [-H | -L | -P] [-Xdx] [-f *file*] [*file* ...] *expression*

o   locate: Para encontrar nombres de archivos rápidamente.

    locate [-0Scims] [-l *limit*] [-d *database*] *pattern* ...

    Es mucho más rápido (aunque menos flexible) que find, pues utiliza los datos en una base de datos temporal que almacena los nombres de todos los archivos en el sistema creada por updatedb.

Y también puede buscarse en el contenido de los archivos:

o   grep: Busca archivos cuyo contenido contengan coincidencias con un patrón (expresión regular).

    grep [*options*] *PATTERN* [*FILE*...]

Importante

*A diferencia del DOS o Windows, para *BSD "A" no es lo mismo que "a", es decir, diferencia mayúsculas de minúsculas.*

Modo gráfico: Desde la línea de comandos o mediante la combinación de teclado "**Alt+F2**" teclear dentro del cuadro de diálogo:

- o **kfind** (si usa KDE), **gnome-search-tool** (si usa GNOME), y luego presione la tecla "**Enter**".

Se abrirá una herramienta similar a la de Windows para buscar archivos.

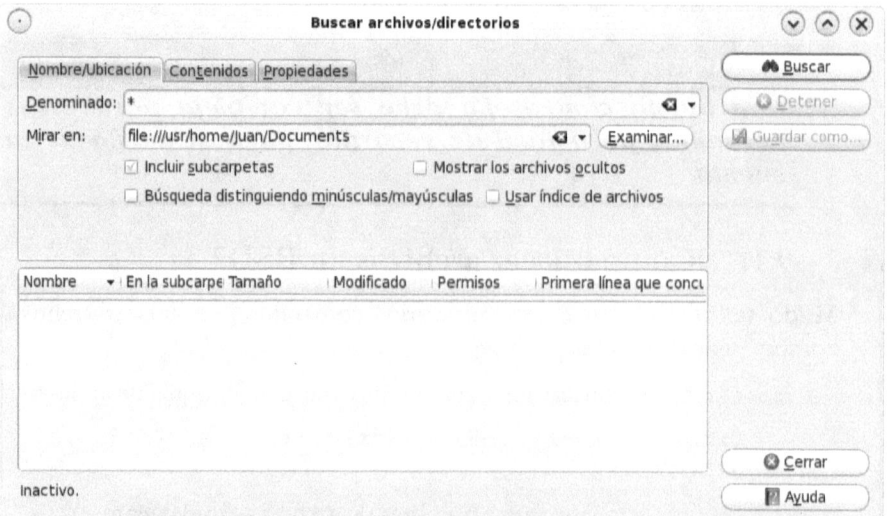

KFind es la utilidad de búsqueda de archivos de KDE

- o Desde el Lanzador de aplicaciones → Aplicaciones → Buscar archivos/carpetas.

Lanzador de aplicaciones – Buscar archivos/carpetas

9.12. ¿Qué se puede hacer si surge algún problema?

Como hablamos en forma general de un problema daré consejos generales para que puedan ser aplicados a todo tipo de situaciones problemáticas:

1. Es importante no atribuir características humanas a las computadoras. Aunque no lo parezca, las máquinas no pueden enloquecer. Tampoco se puede convencer por insistencia a un programa para que se cierre. De nada vale hacer un millón de clics en el botón de cerrar para terminar con una ventana "atascada".

2. No subestimar el conocimiento que se tenga, si ha leído esta guía hasta aquí y ha decidido usar *BSD ha adquirido conocimientos elementales de computación que le pueden resultar útiles, es justamente una buena oportunidad para ponerlos en práctica.

3. Usar el sentido común…, si se ha usado un programa que aún está en fase de desarrollo y ha provocado cuelgues, y eso no ocurre al usar otras aplicaciones, evidentemente el problema es de aquél programa.

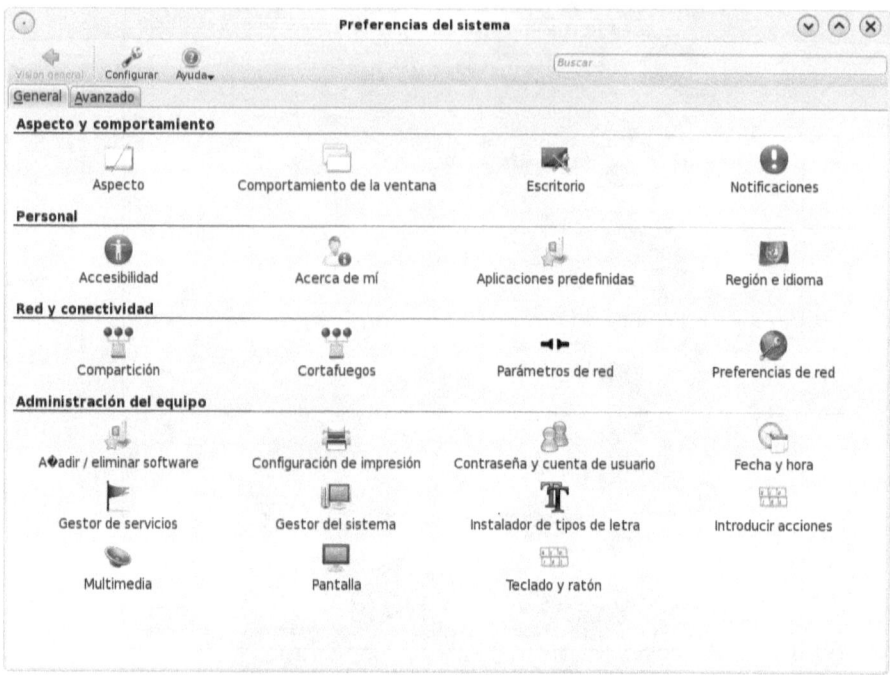

Preferencias del sistema en KDE

4. Es de vital importancia leer. Por si no quedó claro: Es imprescindible leer los mensajes que aparecen en pantalla.

5. Si no se puede resolver por cuenta propia, se puede solicitar ayuda en alguna lista de correo o foro. Es una regla de cortesía brindar la mayor cantidad de detalles al preguntar. Es muy, pero que muy, importante recordar que nadie tiene la obligación de responder de manera urgente. Si se desea soporte que responda de manera personalizada en un determinado plazo, se deberá pagar a alguien por ese servicio.

9.13. ¿Dónde se encuentra la ayuda?

Principales lugares en donde poder consultar la documentación:

1. Tanto KDE, como GNOME, o Xfce poseen ayuda en el mismo entorno gráfico que servirá para despejar muchas dudas en cuanto al manejo de dichos entornos.

2. Cada programa posee generalmente su sistema de Ayuda, habitualmente en el menú "Help" o "Ayuda" de los mismos o pulsando la tecla "**F1**".

3. Si se está trabajando en modo texto, operando sobre una terminal y se quiere saber cómo se usa un determinado comando, se deberá teclear:
```
# man nombre_de_comando.
```

4. El software libre ha avanzado gracias a una comunidad de usuarios activa. Una fuente importante de ayuda es subscribirse a foros o listas de correo, de esta manera se tendrá la posibilidad de ayudar y ser ayudado. También se puede colaborar y pedir colaboración a un grupo de usuarios ubicados geográficamente cerca.

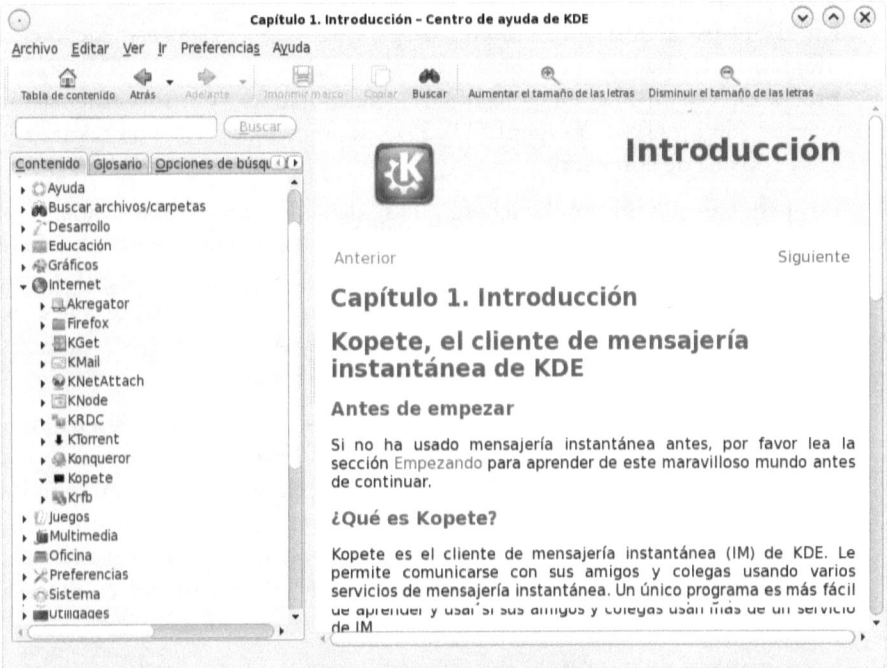

Centro de ayuda de KDE

5. Debe recordar que gran parte de la documentación está realizada por voluntarios. Es probable que haya algunos huecos en los documentos. Si realmente se quiere profundizar en los aspectos técnicos (y no solamente en el uso de las aplicaciones), se tendrá que invertir tiempo en leer la documentación, mensajes de listas, y ejercitar lo que se va aprendiendo. Si se quiere ahorrar tiempo probablemente se deberá pagar a alguien para que brinde asesoramiento y/o capacitación.

6. Si lo que se necesita es una asistencia más personalizada, más profesional para proyectos de gran envergadura, lo recomendable es que se contrate a expertos con experiencia en servicios relacionados con el software libre. El software libre se basa en el equilibrio entre expertos exitosos y usuarios activos. Se estará adquiriendo un servicio a medida y también permitirá la promoción y difusión del software libre.

10.   ¿Cómo instalo o desinstalo programas?

Para empezar, si usted viene del mundo Linux, olvide de momento los repositorios y los programas de instalación tipo Synaptic, apt o YaST2.

En *BSD hay dos sistemas diseñados para instalar y desinstalar fácilmente los programas: los paquetes (originalmente de NetBSD, aunque ahora disponible en FreeBSD, OpenBSD, DragonFlyBSD, incluso Linux y otros sistemas) y los puertos (de FreeBSD u OpenBSD). Lo que implica escribir una o varias líneas en la consola de comandos.

Los paquetes son un simple fichero que se debe descargar y que contienen copia de binarios pre-compilados de la aplicación, así como cualquier fichero de configuración necesario o documentación. Los paquetes descargados, pueden ser manipulados con los comandos de manejo de paquetes, tales como: `pkg_add`, `pkg_delete`, `pkg_info`, `pkg_create`, etc. Así, instalar una aplicación nueva puede realizarse con un simple comando.

Por otro lado un puerto, es una colección de ficheros diseñados para automatizar el proceso de compilación del software, desde el código fuente. Recuerde que existen ciertos pasos que deberá llevar a cabo para compilar un programa por usted mismo (desempacar, parchar, compilar e instalar). Los ficheros que conforman un *port*, permiten automatizar esto por usted. Usted ejecuta un conjunto de comandos simples y el código fuente es descargado, desempacado, parchado, compilado e instalado.

Estas maneras de instalar y desinstalar programas, difieren bastante al modo en que se hace en Windows. Si bien es distinto, no es necesariamente más difícil.

10.1. Sistema de paquetes

Los *packages* o **paquetes** son programas pre-compilados con extensión `.tgz` que incluyen información de dependencias y *scripts* para instalar y desinstalar. Son los equivalentes en *BSD a los ficheros `.deb` en sistemas Debian/Ubuntu o `.rpm` en sistemas Red Hat/Fedora.

Para manejarlos se emplean los programas:

* **`pkg_add`**

      # pkg_add <opciones> nombre_paquete

  Instala un paquete y todos los que este requiera, usando para descargarlos lo(s) repositorio(s) especificada(s) en la variable de ambiente `PKG_PATH`.
  Si configura `PKG_PATH` podrá buscar dependencias que debe actualizar para actualizar un paquete con `pkg_add -u paquete`.

  Podrá actualizar un paquete con:

      # pkg_add -r -F update paquete.tgz

Al usar la opción -r, pkg_add automáticamente descargará el *package* indicado y lo instalará, así como todos aquellos que necesite para su funcionamiento. Esto son las **dependencias**.

Aprovechando que cada paquete instalado crea un directorio con el nombre del paquete en /var/pkg/db pueden actualizarse todos los paquetes con:

```
# cd /var/pkg/db
# pkg_add -u *
```

- **pkg_info**

```
# pkg_info
```
Muestra la lista de paquetes instalados en su sistema con **pkg_info** o con **ls -l /var/db/pkg,**

- **pkg_delete**

Para eliminar/desinstalar un paquete previamente instalado:

```
# pkg_delete nombre_paquete
```
Con la opción -f dependencies se eliminarán también paquetes que dependan del que está quitando, esto es útil si está actualizando un paquete).

- **pkg_version**

Resume las versiones de los paquetes instalados y las compara con las versiones actuales del árbol de *ports*:

```
# pkg_version
cvsup                              =
docbook                            =
. . .
```

Los símbolos de la segunda columna, nos indican la edad relativa de la versión instalada, comparada con la versión disponible en el árbol local de *ports*.

Símbolo	Significado
=	Versión instalada igual a la versión del árbol local de *ports*.
<	Versión del paquete instalado más antigua que la versión del árbol local de *ports*.
>	Versión instalada más reciente que la que se encuentra en el árbol local de *ports* (probablemente el árbol de *ports* esta desactualizado).
?	El paquete instalado no se ha localizado en el índice de los *ports*.
*	Existen múltiples versiones del paquete.

Principales ventajas del sistema de paquetes:

o Instalación más rápida (si bien compilar grandes aplicaciones puede llevar su tiempo).

o No hay que comprender el proceso de compilar software al no requerir de compilación adicional.

o No es necesario instalar compiladores en su sistema.

10.2. Colección de *ports*

La **colección de *ports*, puertos** o **portes** es un entorno de ficheros `Makefile` y parches adaptados específicamente para poder instalar desde el código fuente las aplicaciones en sistemas BSD. Si instala un *port* el sistema descargará las fuentes, aplicará los parches necesarios, compilará el código e instalará el programa (y hará exactamente lo mismo con todas las dependencias). Esta es la forma tradicional de instalar aplicaciones en *BSD.

La colección de *ports*, o árbol de *ports*, está en `/usr/ports/` si se instaló durante el proceso de instalación del sistema BSD. Si no está instalada puede hacerlo desde los discos de instalación mediante `sysinstall` o desde los servidores de la distribución BSD gracias a `csup` o `portsnap`.

Para **buscar** un programa en la colección de portes puede emplear:

```
cd /usr/ports
make search key=cadena
```

Que presentará los portes que en su descripción tengan la `cadena` dada. Esta búsqueda se realiza sobre el archivo `/usr/ports/INDEX`, el cual si lo desea también puede explorar con un editor.

Instalar un *port* es (generalmente) tan simple como copiar todos los *sources*[54] de los que dependa el *port* en `/usr/ports/distfiles` y entrar en el directorio del *port* como usuario root y ejecutar el proceso de compilación (tras la compilación normalmente se crea un paquete):

```
# cd /usr/ports/<nombre_programa>
# make install clean
```

El respectivo `Makefile` obtendrá las fuentes originales de la red, aplicará los cambios necesarios, compilará, creará un paquete y lo instalará. Si el porte tiene otros portes como prerequisitos los compilará e instalará antes.

Una de las principales ventajas del uso de *ports* para instalar software es la posibilidad de ajustar las opciones de la instalación:

```
# make <opciones> install clean
```

---

[54] Para saber qué *sources* necesitas bajar en total tienes que ver las dependencias del paquete, puedes verlas desde www.freebsd.org/ports/, www.netbsd.org/ports/, www.openbsd.org/ports.html o echando un vistazo al `makefile` del *port*.

Para **eliminar** un *port* instalado, al igual que cuando se instalan, lo primero es ubicarnos en el directorio del *port* a eliminar, y ejecutar `make deinstall`:

```
# cd /usr/ports/<nombre_programa>
# make deinstall
===>  Deinstalling for <nombre_programa>
```

Si desea reinstalarlo, se puede hacer al ejecutar `make reinstall` estando en el directorio del programa `/usr/ports/<nombre_programa>`.

Los comandos `make deinstall` y `make reinstall` no funcionan una vez que ha ejecutado el comando `make clean`.

Si desea desinstalar un *port*, una vez que ha ejecutado `make clean`, deberá utilizar el comando `pkg_delete`.

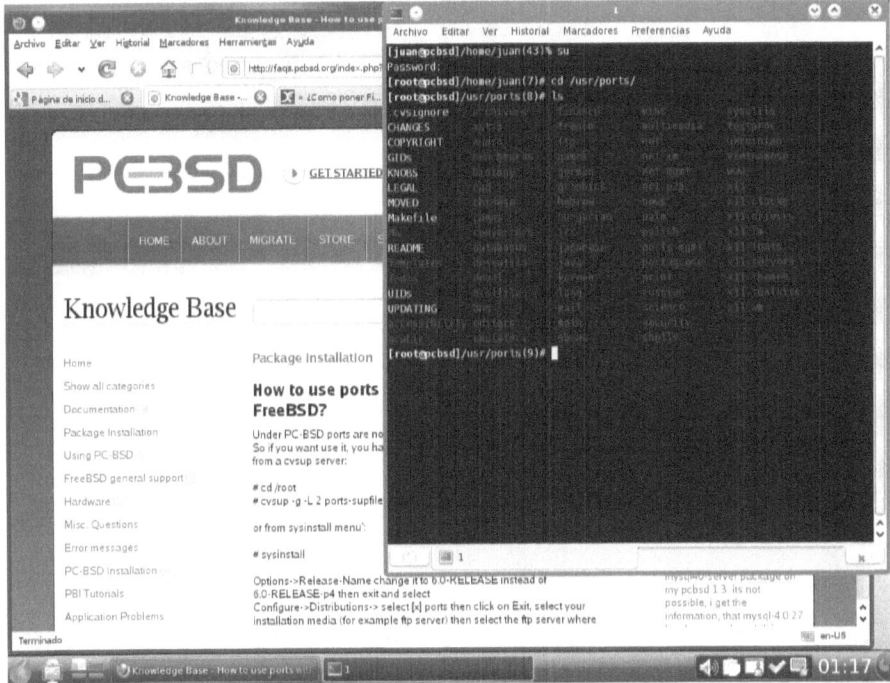

Principales ventajas de los puertos:

o Permiten ajustar las opciones de la instalación. (Los *packages* se generan normalmente con las opciones estándar. Con los *ports* puede ajustar diversas opciones, como disponer de módulos adicionales o cambiar la ruta por omisión).

o Las condiciones de licenciamiento de algunas aplicaciones, prohíben la distribución de binarios. Solo permiten la distribución de código fuente.

o Existe gente que no confía en los binarios. Al menos con el código fuente, puede (en teoría) revisarlo y localizar potenciales problemas.

o Si cuenta con parches locales, necesita el código fuente para aplicarlos.

o Existe gente que le gusta contar con el código fuente, para poder leerlo en ratos de ocio, modificarlo, tomar partes prestadas (si la licencia lo permite, claro está), etc.

10.2.1. Packages vs ports

Los *packages* son simplemente *ports* precompilados, así que es cuestión de elegir entre instalar desde las fuentes (*ports*) o instalar binarios directamente (*packages*).

Si no tiene requisitos especiales los *packages* probablemente cubran sus necesidades sin problema. Si alguna vez necesita algo más ajustado puede recurrir a los *ports*. Tenga en cuenta que si necesita un programa a su medida pero sigue prefiriendo usar *packages* puede hacerse uno a su gusto mediante `make patch` y luego copie el *package* a otras computadoras.

10.3. Empaquetado PBI de PC-BSD

La mayoría de usuarios hoy en día esperan que la instalación de las aplicaciones sea sencilla y flexible. Para esto, PC-BSD ha desarrollado un formato de archivo PBI (*"Pc-Bsd Installer* o *Push Button Installer"*) que permite instalar cualquier aplicación a través de una interfaz gráfica de usuario muy fácil de usar.

La instalación de aplicaciones a través de **paquetes PBI** es tan fácil como instalar un programa en Microsoft Windows o Apple MacOS X. Estos paquetes funcionan de una forma muy parecida a los instalables `dmg` o `setup` de Apple MacOS X y Microsoft Windows. En un fichero viene el ejecutable con todas sus dependencias, que se instalan en un árbol de directorios que cuelgan de `/programs`.

Este sistema tiene muchas ventajas:

o Proceso de instalación completamente gráfico.

o Soporte avanzado para *scripting*, esto significa que mediante *scripts* de *shell* controlamos el proceso de instalación.

o Sistema de instalación de librerías necesarias para la instalación de aplicaciones.

o Fácil eliminación y actualización de los programas ya instalados.

o Hasta un *windowsero* es capaz de instalar software en PC-BSD.

Pero presenta un gran inconveniente:

o Ocupa mucho más espacio, pues aquellas dependencias que requieran varios programas serán instalados varias veces.

No obstante, en PC-BSD también se puede recurrir a los *ports* de FreeBSD. Ambos sistemas (*ports* y PBIs) pueden coexistir perfectamente sin pisarse las dependencias unos a otros debido a las características de los paquetes PBI.

10.3.1. PBI "instale software como si fuera Windows pero mejor"

¿Que por qué mejor? Porque una vez hemos instalado un paquete PBI contamos con una aplicación que nos avisará cuando alguno de éstos tenga actualizaciones disponibles, y las descargará e instalará cuando nosotros queramos.

Lanzador de aplicaciones – Sistema – Software Manager

Preferencias del sistema – Añadir/eliminar software

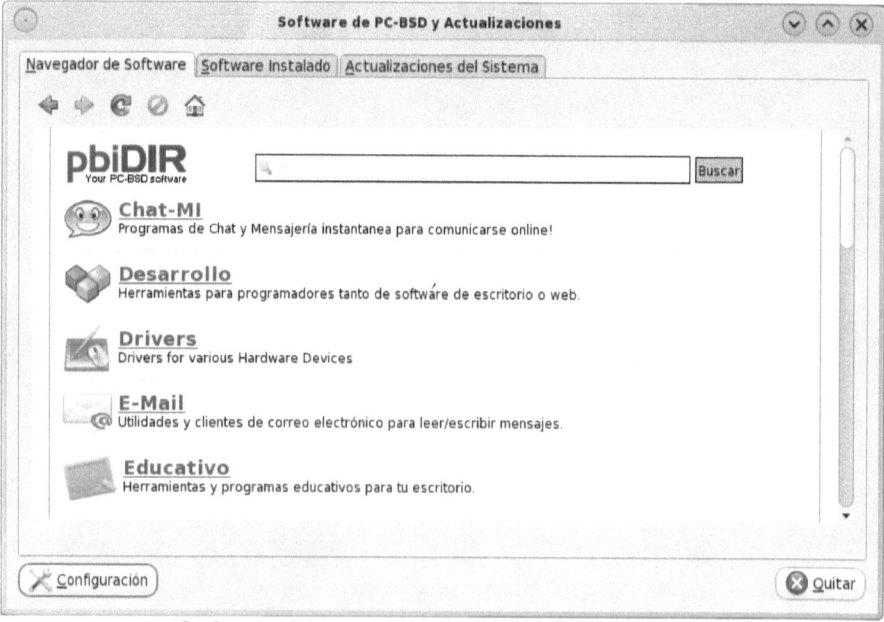

Software Manager – Navegador de Software

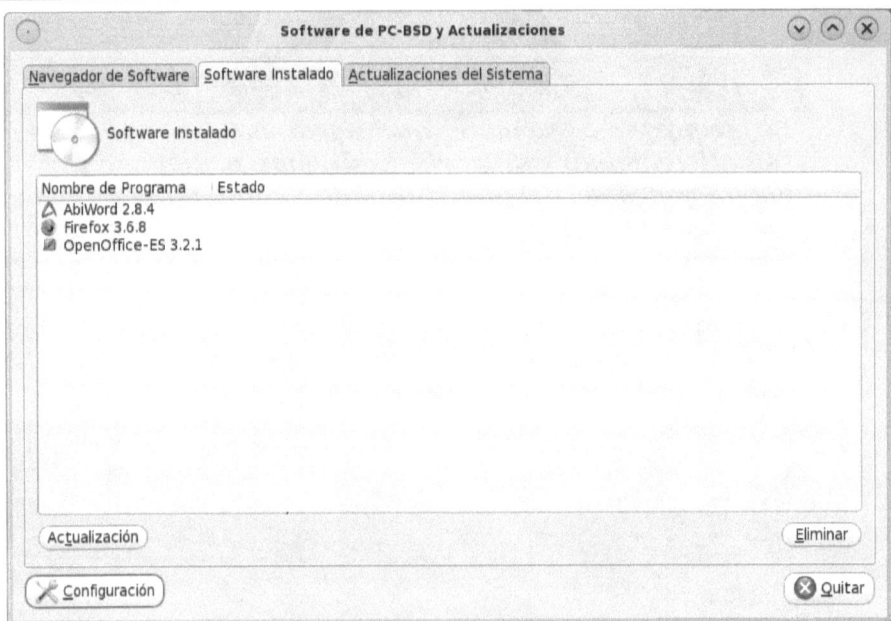

Software Manager – Software instalado

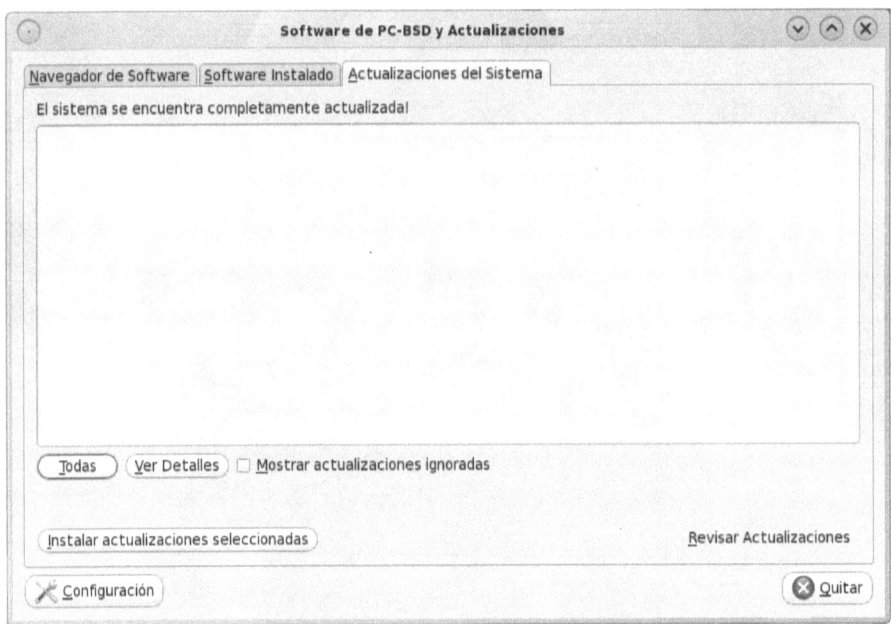

Software Manager – Actualizaciones del sistema

Una vez instalado el fichero nos habrá creado en el menú de KDE la entrada correspondiente y podremos ir a "Aplicaciones → Sistema → Añadir/eliminar software" para actualizarlo o eliminarlo.

Es importante señalar que mediante la aplicación "Añadir/eliminar software" podremos actualizar todos los paquetes del árbol de ports de FreeBSD a la par que los paquetes PBI.

Lo primero que hemos de hacer es acudir al directorio de PBIs de PC-BCD,[55] donde podremos buscar por las diferentes categorías. Una vez encontrada la aplicación que deseamos, nos la descargamos haciendo doble clic.

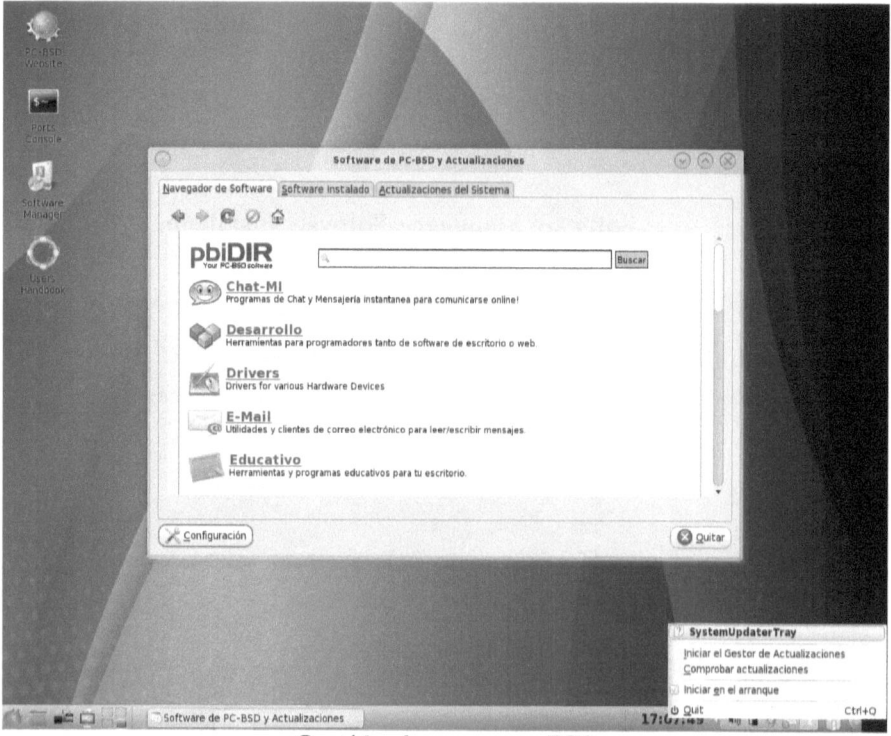

Gestión de paquetes PBI

---

55   Disponible en: http://www.pbidir.com/bt/lang/es

11.¿Qué programas de oficina tiene?

Para *BSD no hay mucho software disponible (en comparación con Windows o GNU/Linux). Pero a veces, entre tanto programa, uno no encuentra lo que quiere, o simplemente se le pasa. Y sí, sí están los "principales".

A continuación comento los disponibles en el disco de instalación de PC-BSD o, en su defecto, en el directorio pbidir.com.

11.1. OpenOffice.org: suite ofimática

OpenOffice.org[56] es una completa suite ofimática libre (código abierto y distribución gratuita), cuyo desarrollo está liderado por Oracle Corporation (inicialmente por Sun Microsystems) y, que cubre las necesidades más importantes del trabajo en una oficina.

Incluye procesador de documentos de textos, hoja de cálculos, editor de presentaciones, editor de gráficos vectoriales, editor de páginas web y gestor de bases de datos.

---

[56] Disponible en: http://es.openoffice.org/

Características de OpenOffice.org:

1. La descarga, copia y distribución de la suite es gratuita.

2. Los archivos que genera son de tamaño reducido. Por defecto genera archivos con formato XML comprimido.

3. Existen versiones para sistemas operativos como FreeBSD, GNU/Linux, Mac OS X, Windows, Solaris, etc.

4. Mantiene la compatibilidad con los formatos de herramientas de oficina de otros sistemas operativos.

5. Posee un lenguaje de macros, Openoffice.org Basic.

6. Es capaz de acceder a diferentes formatos de bases de datos y administrar sus tablas, crear consultas,…

La suite ofimática OpenOffice.org incluye las siguientes aplicaciones:

○ **OpenOffice.org Writer** es el procesador de textos. Permite redactar, maquetar y dar formato a cualquier tipo de documento, ya sea faxes, sobres, cartas, etc. Así como insertar en el documento imágenes, tablas, fórmulas, sonido, diagramas, marcos, etc. Además, incluye la capacidad de edición del lenguaje de programación HTML.

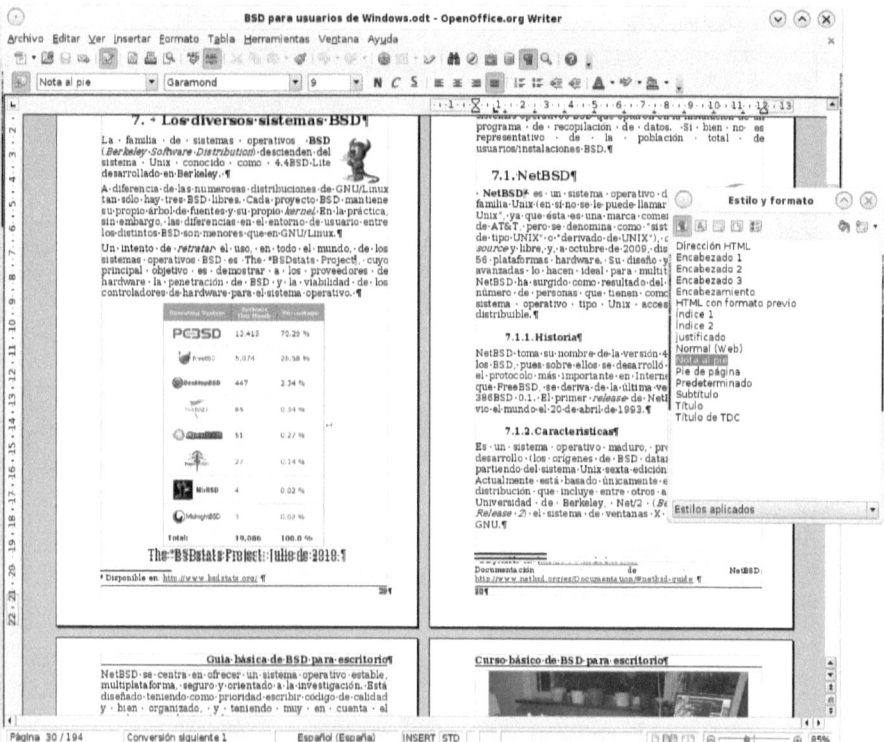

OpenOffice.org Writer

o **OpenOffice.org Calc** es el editor de hojas de cálculo, por tanto, es una herramienta que almacena, calcula y organiza información.

Se puede definir una **hoja de cálculo** como un grupo de datos, normalmente numéricos, agrupados en tablas con filas y columnas, y con elementos comunes, que sirven para representar un aspecto de la realidad. Con estos datos podemos realizar gráficos, estudiar tendencias, realizar estadísticas, funciones matemáticas, cálculos numéricos…

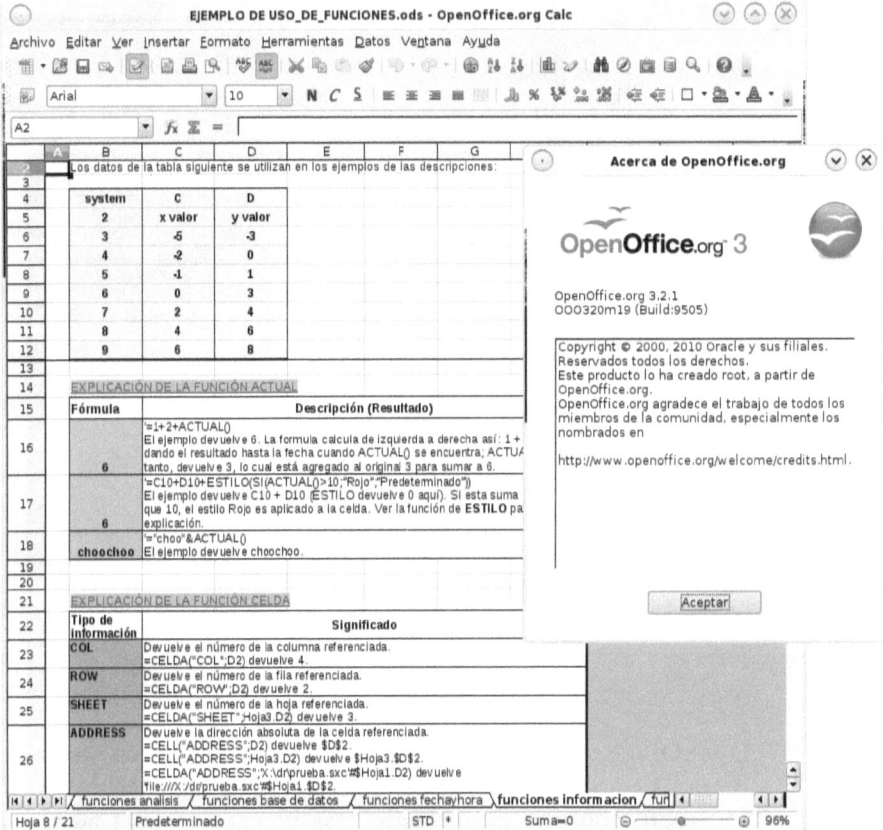

OpenOffice.org Calc

o **OpenOffice.org Impress** es el editor de presentaciones. Permite generar de forma sencilla presentaciones, en pantalla o en otro medio, de altísimo nivel para empresas, negocios o imágenes familiares. Soporta transiciones, diseños y temas con estilos peculiares, también archivos de flash, compatibilidad con web y HTML, entre otros.

o **OpenOffice.org Draw** es la herramienta para crear diagramas, dibujos y gráficos vectoriales para ser incluidos en documentos y presentaciones. Incluye un estilo de conectadores entre figuras por lo que podrás relacionar todo lo que vas haciendo de manera elemental y confortable, con la posibilidad de exportar a SVG.

o **OpenOffice.org Base** es el gestor de bases de datos. Permite la creación de informes y formularios para que los usuarios finales obtengan los datos de forma fácil e intuitiva.

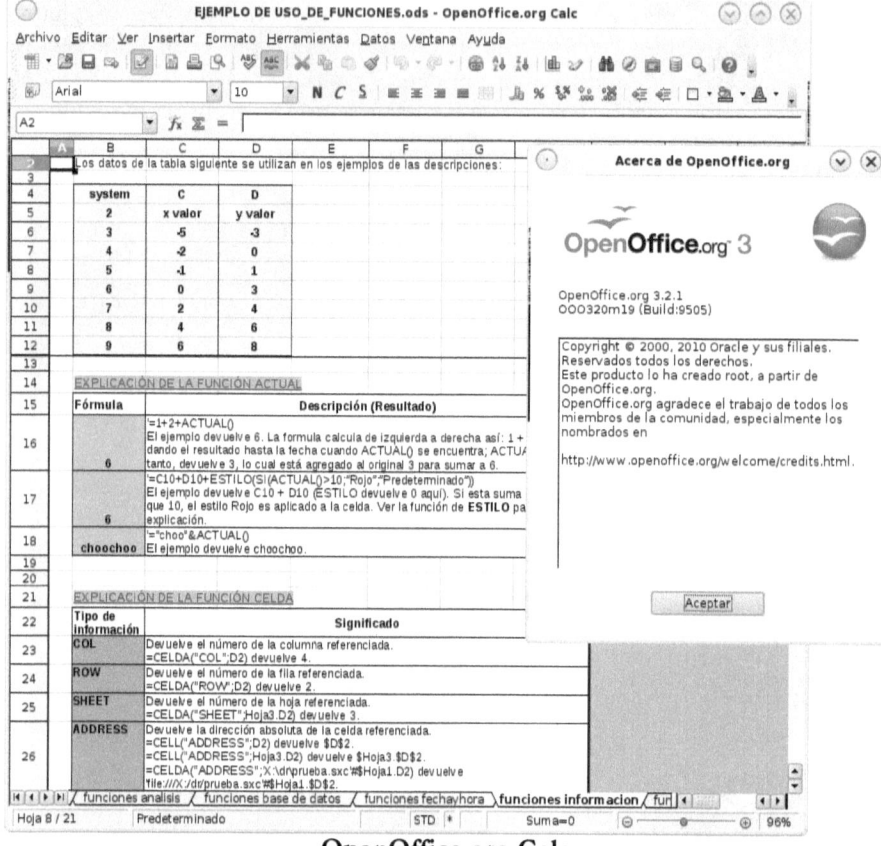

OpenOffice.org Calc

o **OpenOffice.org Math**[57] es un editor de ecuaciones que permite crear fórmulas y métodos matemáticos de manera sencilla. Similar al Microsoft Equation Editor, pero más potente aún por su rapidez y efectividad en resultados.

Es una de las mejores alternativas al paquete privativo Office de Microsoft®, ya que posee una compatibilidad prácticamente absoluta con todas sus funcionalidades y formatos de archivo. Los formatos propios de OpenOffice.org a diferencia de los de MS Office cumplen con estándares abiertos, lo que asegura su portabilidad.

---

[57] Nótese que OOoMath es un editor de fórmulas y no un programa de cálculo. Permite escribir sumas, potencias, integrales, matrices..., pero si se desea calcular el resultado de una fórmula se debe usar una hoja de cálculo (como OOoCalc) o un programa de cálculo matemático.

11.2. AbiWord: procesador de textos

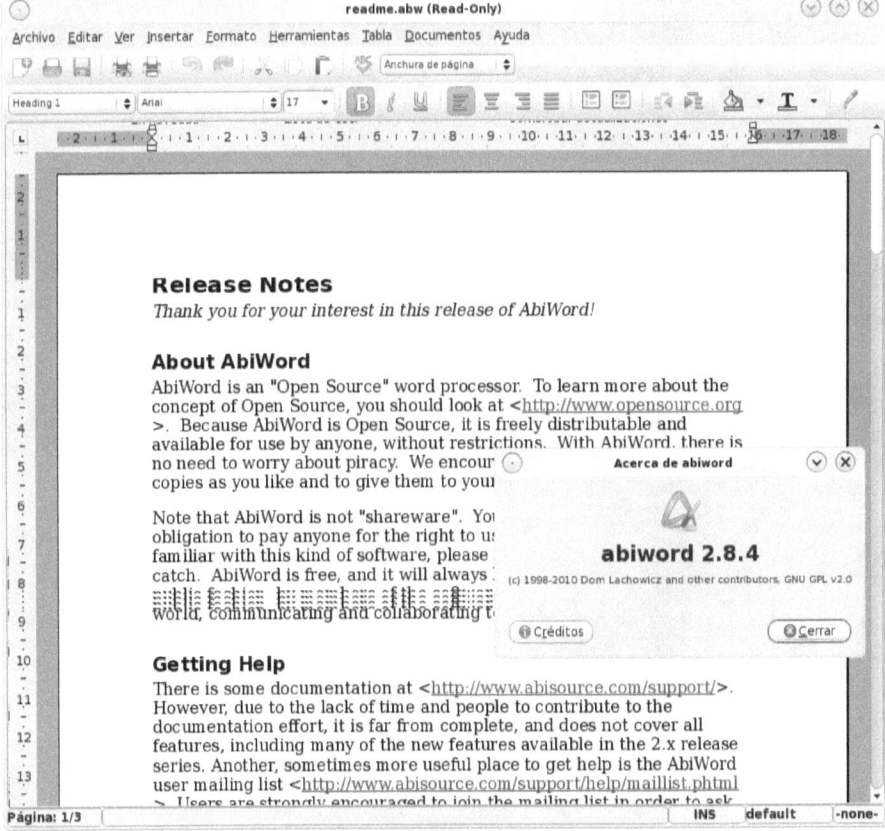

El procesador de textos **AbiWord**[58] es software libre, multiplataforma y con licencia GNU GPL. El nombre AbiWord se deriva de la raíz de la palabra española "Abierto". En inglés, se pronuncia como la "palabra de Abbey" ("*Abbey word*").

Actualmente, es el procesador de textos oficial del entorno gráfico GNOME. Forma parte de la suite ofimática GNOME Office, la cual incluye herramientas para la oficina, como aplicaciones de bases de datos y hojas de cálculos.

Es una alternativa libre a Microsoft Office Word, que se caracteriza por la sencillez de su interfaz y sus bajos requerimientos técnicos. AbiWord tiene filtros de importación/exportación de documentos desde su formato nativo a XML, a RTF, HTML, Microsoft Word, LaTeX y OpenDocument.

AbiWord

---

58   Disponible en: http://www.abisource.com/

11.3. Eqonomice!: economía familiar

Eqonomice![59] es un software de contabilidad personal, con énfasis en la eficiencia y facilidad de uso para la economía de los pequeños hogares.

Proporciona una solución completa, con la contabilidad por partida doble y el apoyo a las operaciones recurrentes programadas, las inversiones en seguridad, y la presupuestación. Ofrece una visión clara de las operaciones pasadas y presentes, y el desarrollo de los ingresos y gastos, con tablas descriptivas y gráficas, así como una aproximación del valor de las cuentas futuras.

Es capaz de exportar al formato QIF (de Microsoft Money).

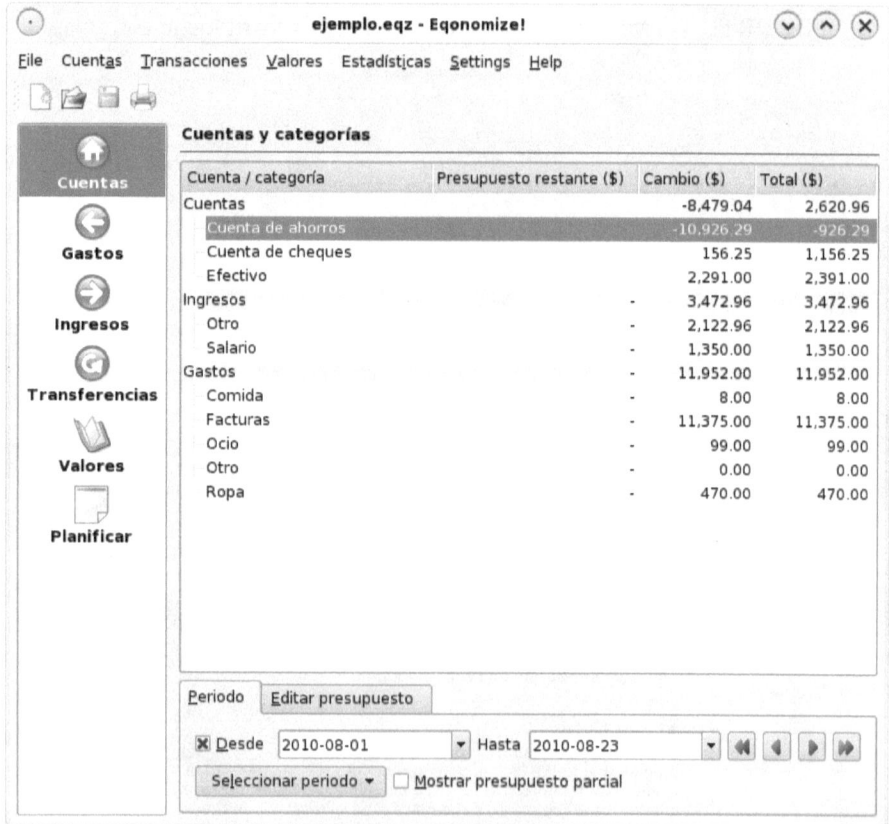

Eqonomize!

[59]   Disponible en: http://eqonomize.sourceforge.net/

11.4. KMyMoney: finanzas personales

KMyMoney[60] es un gestor de finanzas personales. Sus objetivos son:

o Precisión.
Utilizar los principios de contabilidad de doble entrada ayuda a asegurar que sus finanzas se mantienen en el orden correcto.

o Facilidad de uso.
Se esfuerza por ser el administrador de finanzas personales más fácil, especialmente para el usuario no técnico.

o Características familiares.
Intenta proporcionar todas las funciones importantes que se encuentran en otros administradores de finanzas personales de pago.

Es capaz de importar los formatos QIF (de MS Money), Gnucash y OFX.

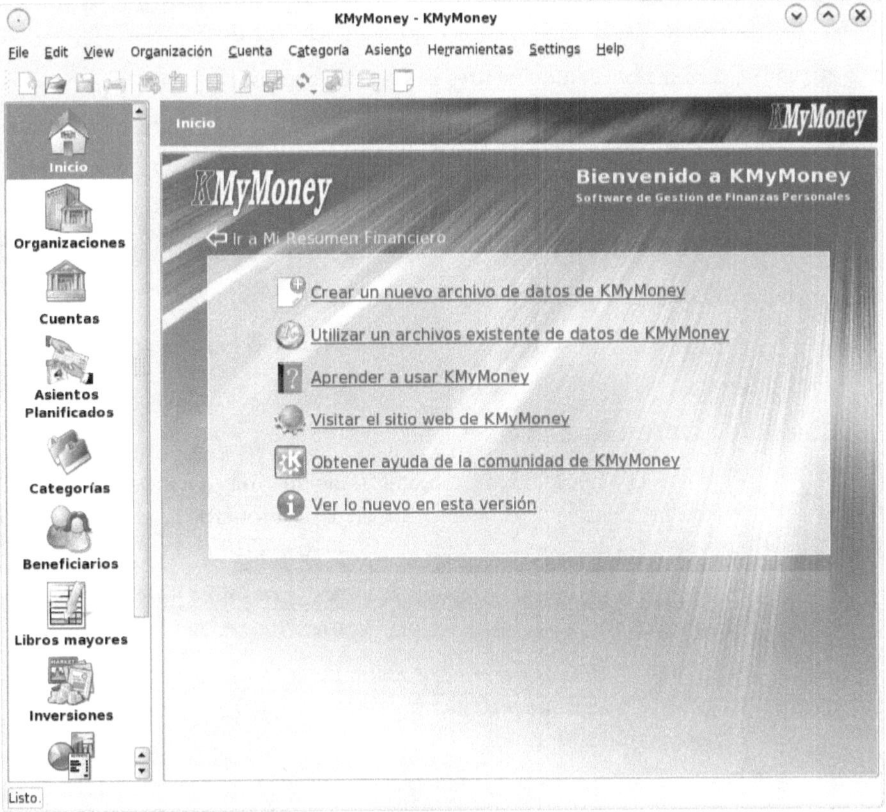

KMyMoney

---

60   Disponible en: http://kmymoney2.sourceforge.net/index-home.html

12.   ¿Qué programas de diseño gráfico hay?

12.1. Editores de gráficos rasterizados vs editores de gráficos vectoriales

Con frecuencia los editores de gráficos vectoriales y los editores de gráficos rasterizados contrastan, y sus características se complementan.

Características comunes:

o   Seleccionar regiones para editar.

o   Dibujar líneas con pinceles de distintos colores, tamaños, formas y presión.

o   Rellenar una región con un solo color, degradado de colores, o textura.

o   Seleccionar un color usando diferentes modelos de colores (por ejemplo RGB, HSV), o mediante un selector de colores.

o   Escribir texto en diferentes estilos de fuentes.

o   Remover toda clase de imperfecciones en las fotografías, como arrugas, arañazos y suciedad.

o   Combinar capas, cada una con un trabajo distinto.

o   Editar y convertir entre distintos modelos de colores.

o   Aplicar filtros para lograr efectos variados.

o   Convertir entre distintos formatos de archivo gráficos.

Editor de gráficos rasterizados

o   Permite al usuario crear y editar imágenes de gráficos rasterizados de forma interactiva y almacenarlas en la computadora en un formato de archivo gráfico, como JPEG, PNG, GIF y TIFF.

o   Para ver imágenes, generalmente es preferible usar un **visor de imágenes** en vez de un editor de gráficos rasterizados.

o   Son más adecuados para manipulación fotográfica, ilustraciones fotorrealistas, *collage*, e ilustraciones dibujadas a mano usando una tableta digitalizadora.

o   Algunos editores están diseñados específicamente para la edición de imágenes fotorrealistas, como el popular Adobe Photoshop o The GIMP, mientras que otros están más orientados a las ilustraciones artísticas, como Adobe Fireworks.

Editor de gráficos vectoriales

o   Permite al usuario crear y editar imágenes de gráficos vectoriales de forma interactiva en la pantalla de la computadora y guardarlas en un formato de gráfico vectorial, como EPS, PDF, WMF, SVG o VML.

o   Son más adecuados para diseño gráfico, diseño de planos, tipografía, logotipos, ilustraciones artísticas, ilustraciones técnicas, diagramación y diagramas de flujo.

o   Algunos tienen soporte para animación, mientras que otros (Adobe Flash) están orientados específicamente a la producción de gráficos animados.

o   Están estrechamente relacionados con el software de autoedición como Adobe InDesign o Scribus, quienes también comúnmente incluyen algunas herramientas de dibujo de gráficos vectoriales (que por lo común son menos poderosas que las de los editores de gráficos vectoriales independientes).

o   Muchos son capaces de, y a menudo preferibles para, el diseño de documentos únicos (como volantes o folletos) de unas pocas páginas; los programas de diseño de páginas son más apropiados para documentos de mayor extensión o estandarizados.

o   Los editores de gráficos vectoriales especiales son usados en el diseño asistido por computadora. Estos no son aptos para gráficos artísticos o decorativos, pero son ricos en librerías de objetos y herramientas usadas para asegurar la precisión y el cumplimiento de estándares en dibujos y planos.

o   Finalmente, los programas de gráficos 3D como Maya, Blender o Autodesk 3ds Max pueden considerarse extensiones de los editores de gráficos vectoriales tradicionales, y tienen en común algunos conceptos y herramientas.

Muchos ilustradores actuales usan Corel Photo-Paint y Adobe Photoshop para crear toda clase de ilustraciones. Las versiones recientes de editores de gráficos rasterizados, como GIMP y Photoshop soportan herramientas de tipo vector y los editores de gráficos vectoriales como CorelDRAW, Adobe Illustrator, Xara Xtreme, Adobe Fireworks, Inkscape o SK1 están adoptando poco a poco herramientas y técnicas que alguna vez fueron exclusivas de los editores de gráficos rasterizados (como el *blurring*).

12.2. GIMP: editor de imágenes

El editor **The GIMP** (*GNU Image Manipulation Program*)[61] es sin duda la herramienta más potente para manipular imágenes. Posee una alta funcionalidad, gran cantidad de filtros y maneja gran cantidad de formatos.

Es la alternativa libre y gratuita a Adobe Photoshop y herramienta fundamental de todo diseñador. Es uno de los programas de retoque fotográfico más completos que hay.

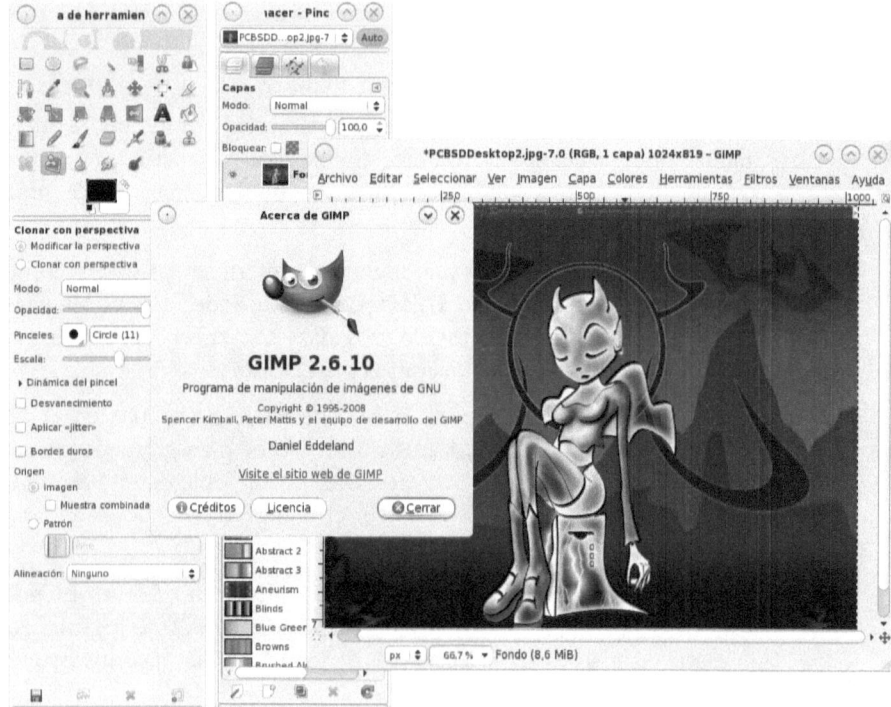

GIMP

Principales características:

o Herramientas de selección: rectángulo, elipse, libre, fuzzy, bezier e inteligente.

o Herramientas de transformación: rotar, escalar, *shear*, voltear, etc.

o Herramientas para pintar: pincel aerográfico, clonar, cubo de pintura, *convolve*, blend, texto y más.

o Filtro de efectos (como desenfocado, *edge detect*).

---

61   Disponible en: http://www.gimp.org

- o Operaciones de Canal y Color (como añadir, *composite*, *decompose*).

- o Acepta la mayoría de ficheros gráficos (.jpg, .gif, .png, .tiff, .bmp, etc.) e incluso el formato propio de Photoshop.

- o *Plugins* que permiten manejar diferentes formatos de archivo y nuevos filtros de efectos.

- o Múltiples deshacer/rehacer.

12.3. KolourPaint: editor de imágenes

KolourPaint[62] es un sencillo programa para dibujar y pintar al estilo de MSPaint, si bien posee características más avanzadas. Su objetivo es ser conceptualmente sencillo de entender, proporcionando un nivel de funcionalidad específica para el usuario medio.

Está diseñado para las tareas diarias tales como:

- o Pintura: dibujo de gráficos, diagramas y "pintar con los dedos",

- o Manipulación de imágenes: edita capturas de pantalla o fotos y añade efectos a cada imagen,

- o Edición de iconos: dibujo de logos e iconos con transparencia.

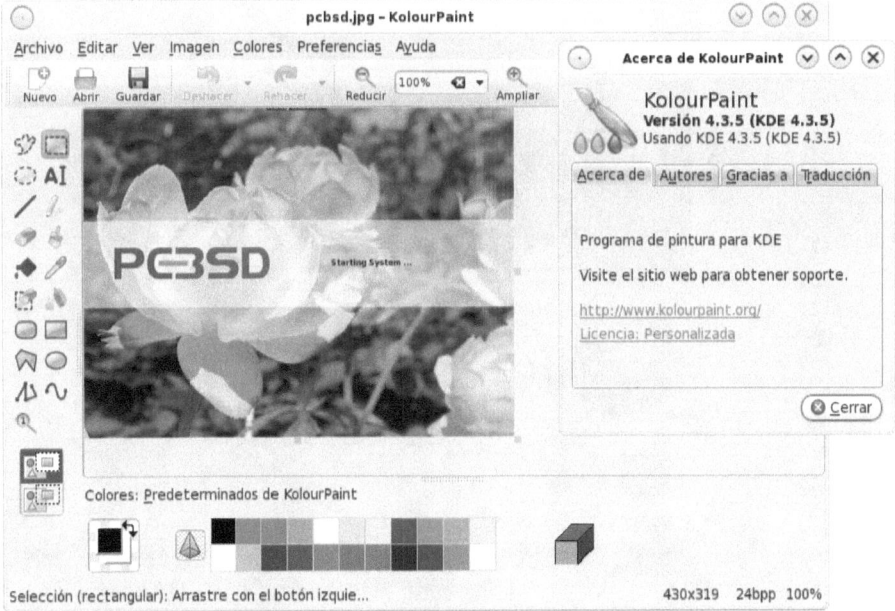

KolourPaint

---

62   Disponible en: http://www.kolourpaint.org/

12.4. Inkscape: diseño vectorial

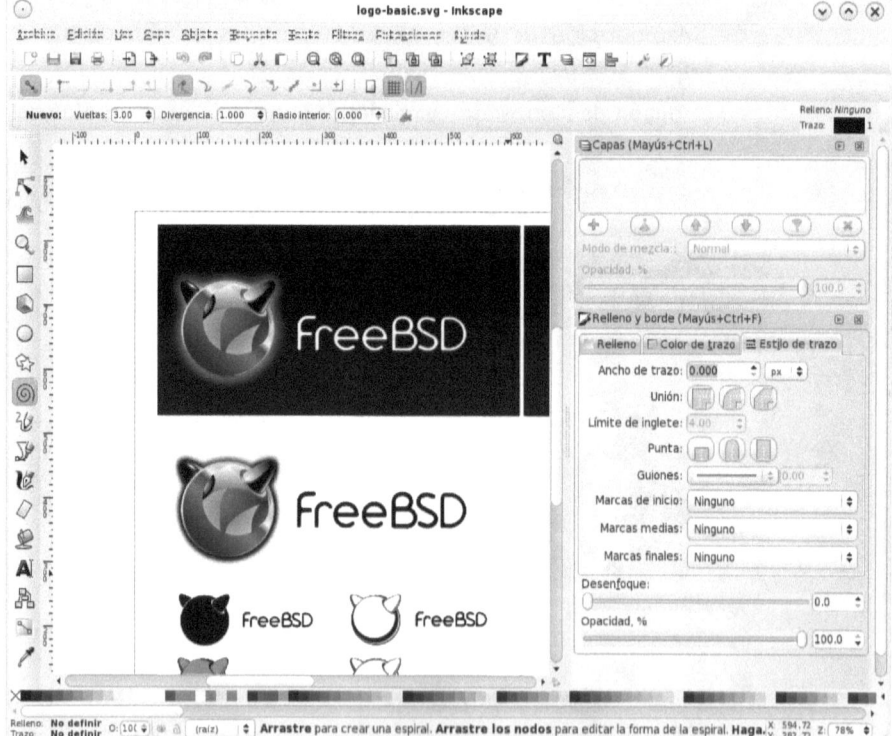

Inkscape[63] es un excelente editor de gráficos vectoriales de código abierto, con capacidades similares a Illustrator, Freehand, CorelDraw o Xara X, usando el formato de archivo estándar de la W3C: *Scalable Vector Graphics* (SVG).

Entre las características soportadas se incluyen: formas, trazos, texto, marcadores, clones, mezclas de canales alfa, transformaciones, gradientes, patrones y agrupamientos. También soporta meta-datos Creative Commons, edición de nodos, capas, operaciones complejas con trazos, vectorización de archivos gráficos, texto en trazos, alineación de textos, edición de XML directo y mucho más. Puede importar formatos como Postscript, EPS, JPEG, PNG, y TIFF y exporta PNG así como muchos formatos basados en vectores.

Su objetivo principal es crear una herramienta de dibujo potente y cómoda, totalmente compatible con los estándares XML, SVG y CSS. Para ello, pretende mantener una próspera comunidad de usuarios y desarrolladores usando un sistema de desarrollo abierto y orientado a las comunidades.

InkScape

---

63   Disponible en: http://www.inkscape.org/?lang=es

12.5. Dia: editor de diagramas

Dia[64] es una aplicación para la creación de diagramas técnicos. Está más o menos inspirado en el programa comercial de Windows 'Visio', aunque más orientado hacia esquemas informales para uso ocasional.

Es una utilidad versátil que puede utilizarla tanto un ingeniero electrónico para diseñar circuitos, como un programador para mostrar el flujo de ejecución de un programa, o un administrador de red para mostrar el diseño de su red, o por cualquier usuario para hacer sus propios esquemas.

Entre sus características se incluyen:

o Soporte para distintos tipos de diagramas como diagramas entidad-relación, diagramas de red, diagramas de flujo, diagramas de estructuras estáticas de UML (*Unified Modelling Language* - diagramas de clase),...

o Permite el uso de formas personalizadas creadas por el usuario como simples descripciones XML, utilizando un subconjunto de SVG para dibujar la forma (en formato gzip por defecto, para ahorrar espacio).

o Exportación a múltiples formatos: EPS, SVG, WMF, CGM, PNG,...

o Puede imprimir los diagramas (incluso los que abarcan varias páginas).

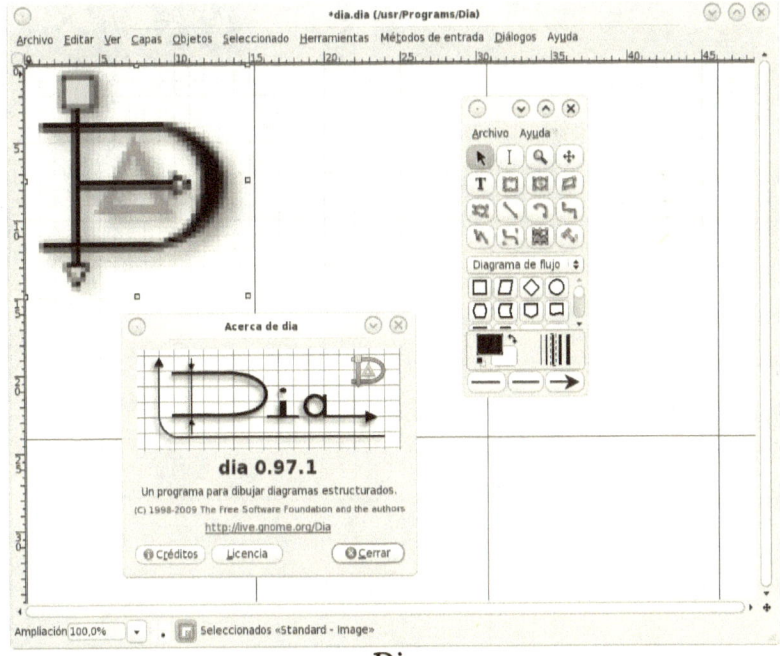

Dia

---

64   Disponible en: http://live.gnome.org/Dia

12.6. Blender: modelado 3D

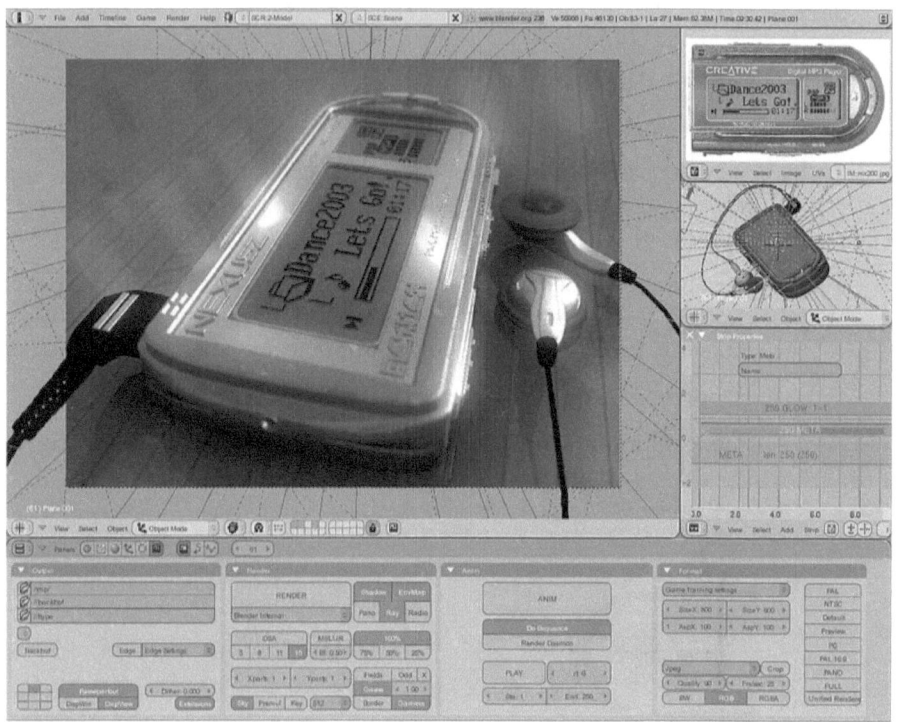

Blender[65] es una suite de creación de contenido 3D, de código abierto, con licencia GNU General Public License y capacidades equivalentes a 3D Studio.

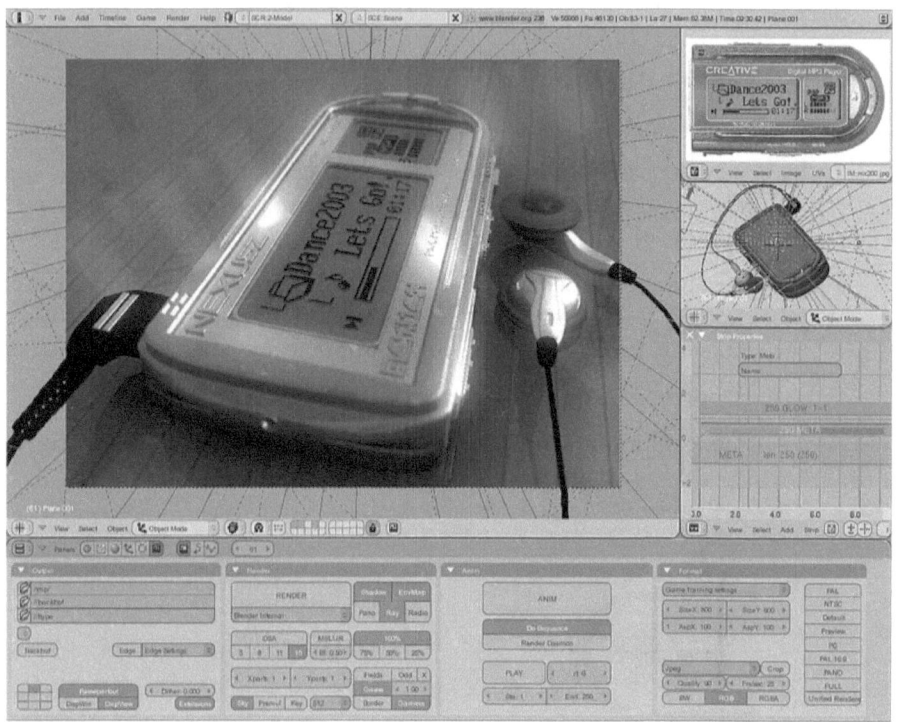

Blender

---

65   Disponible en: http://www.blender.org/

12.7. Scribus: autoedición

Scribus[66] es un programa de software libre para autoedición, que ofrece un gran rendimiento en la creación de publicaciones por computadora. Scribus está disponible en versiones nativas para Linux, Unix, Mac OS X y Windows y brinda capacidades para el diseño y diagramación, similares a las ofrecidas por programas comerciales como Adobe PageMaker, QuarkXPress, Adobe InDesign o MS Publisher.

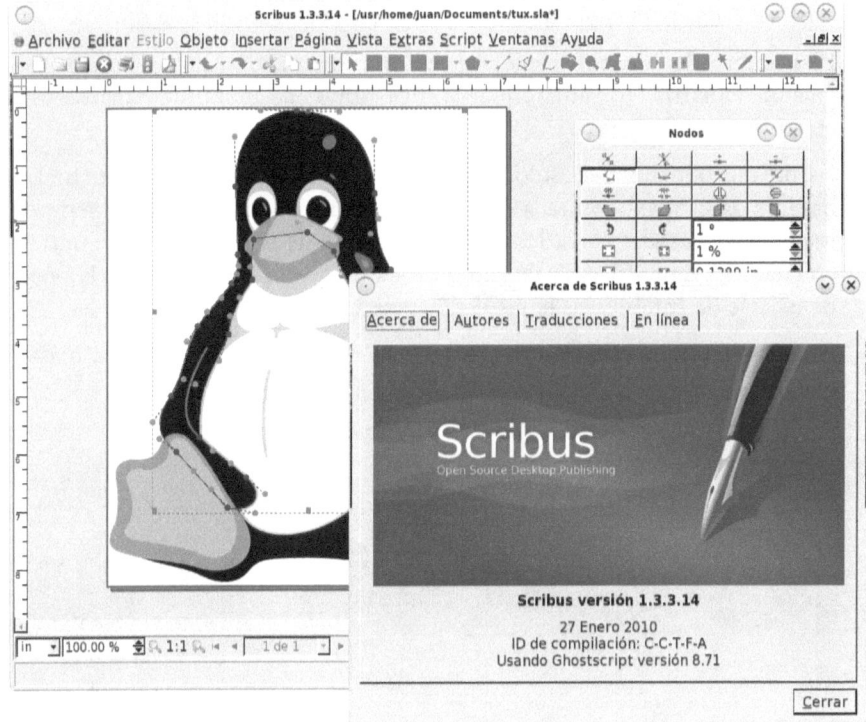

Scribus

Características a destacar:

o   Soporta gran cantidad de formatos.

o   Posibilidad de usar capas.

o   Posibilidad de "Guardar como PDF".

o   Editor de texto interno o externo.

o   Permite usar un editor de imágenes externo (por defecto GIMP).

o   Uso de marcos configurables en dimensiones...

---

[66]   Disponible en: http://www.scribus.net/

13.   ¿Qué aplicaciones multimedia existen?

13.1. Amarok

Amarok[67] no sólo es el reproductor de audio del entorno KDE, ya que soporta de forma directa varios servicios de Internet y opciones especializadas para la gente que tienen grandes colecciones de música.

El nombre de Amarok viene del álbum Amarok de Mike Oldfield. Como la palabra "amarok" (o "amaroq") significa "lobo" en Inuktitut, Amarok usa lobos en sus logos e imágenes.

Es un reproductor del estilo de iTunes o Windows Media Player. Incluye una base de datos que permite la creación de ramificaciones o listas de reproducción inteligentes basadas en varios criterios, además de traer todo lo que uno necesita en cuanto a reproducción de audio, hasta un gestor de carátulas y la posibilidad de bajarse de Internet las letras de las canciones.

Amarok hará que escuchar la música que más te gusta sea la tarea más sencilla que nunca.

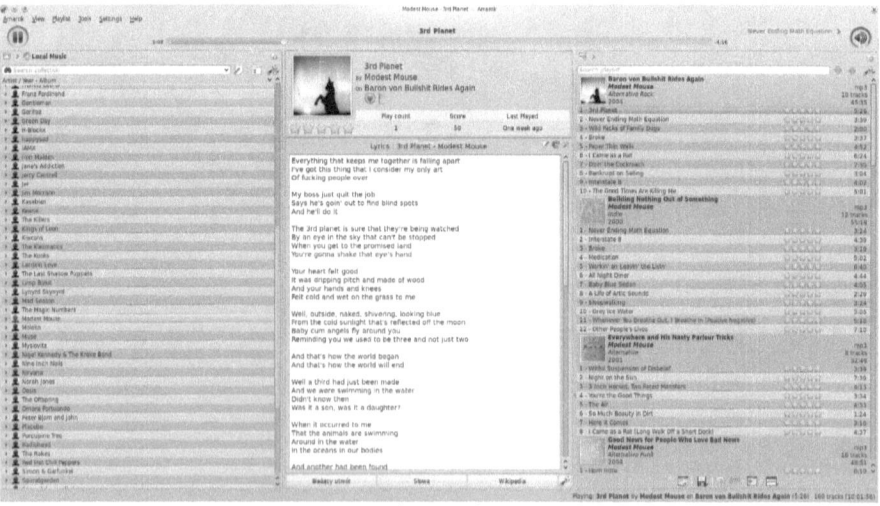

Amarok

---

67   Disponible en: http://amarok.kde.org/es

13.2. Rhythmbox

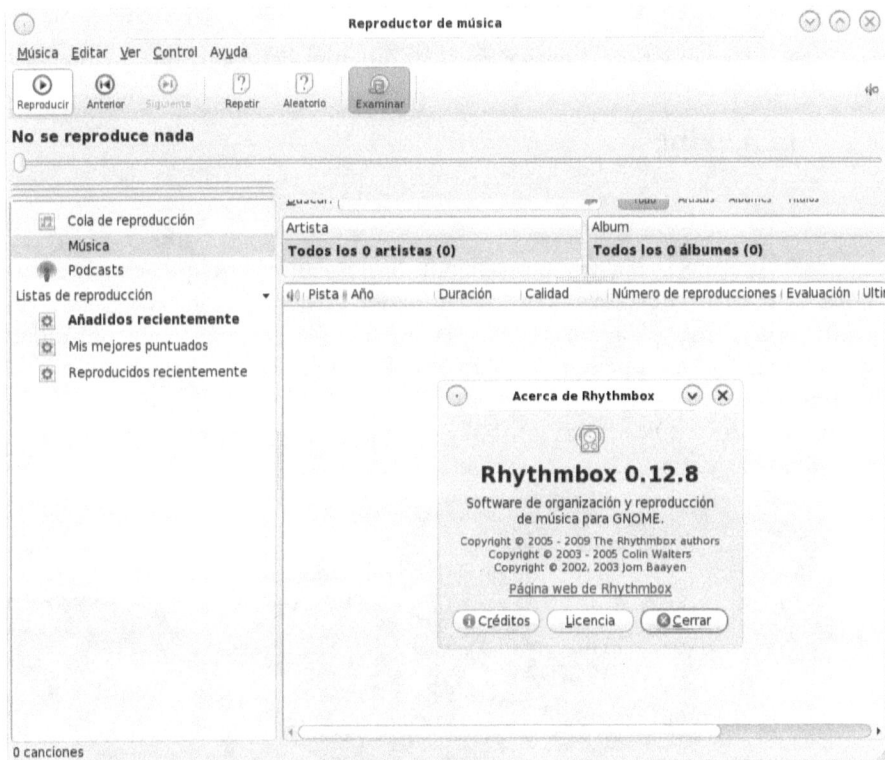

Rhythmbox[68] es un editor ID3, biblioteca de música y reproductor de formatos de audio libre. Fue originalmente inspirado por el reproductor de Apple, iTunes. Su objetivo es resolver todas las necesidades musicales de los usuarios finales, como la reproducción de canciones en formato MP3, FLAC, OGG/Vorbis, Audio-CD, etc.

Rhythmbox

Principales características:

- o Software libre de código abierto y gratuito publicado bajo licencia GPL.

- o Implementa las librerías gráficas GTK para mostrar los controles de la interfaz, por lo tanto se integra con los escritorios GNOME y Xfce.

- o Permite utilizar tanto el motor de reproducción GStreamer como xine.

- o Integra un organizador de música y funciones de búsqueda, ordenación.

- o Permite escuchar radio por Internet mediante Last.fm.

---

[68]   Disponible en: http://projects.gnome.org/rhythmbox/

- o Permite usar listas de reproducción.

- o Puede transferir música desde y hacia un iPod, MTP y reproductores de música de almacenamiento masivo por USB.

- o Reproduce archivos de música en formatos MP3, OGG, FLAC de una biblioteca organizada ID3.

- o Descarga de Internet nombre del álbum, artista y letra de las canciones.

- o Reproduce, extrae y graba CD de audio.

- o Descarga automáticamente podcasts de audio.

- o Explora, previsualiza y descarga álbumes de Magnatune y Jamendo.

13.3. xine

xine[69] es otro reproductor multimedia libre que consiste en una biblioteca compartida llamada *xine-lib*, varios *plugins* y una interfaz gráfica (GUI). Muchos otros programas usan la biblioteca de xine para reproducción multimedia como por ejemplo, Amarok, Kaffeine, Tótem o Phonon.

Reproduce CDs, DVDs y VCDs. También decodifica archivos multimedia como AVI, MOV, WMV, MP3 y de unidades de disco locales, y muestra multimedia de *streaming* por Internet.

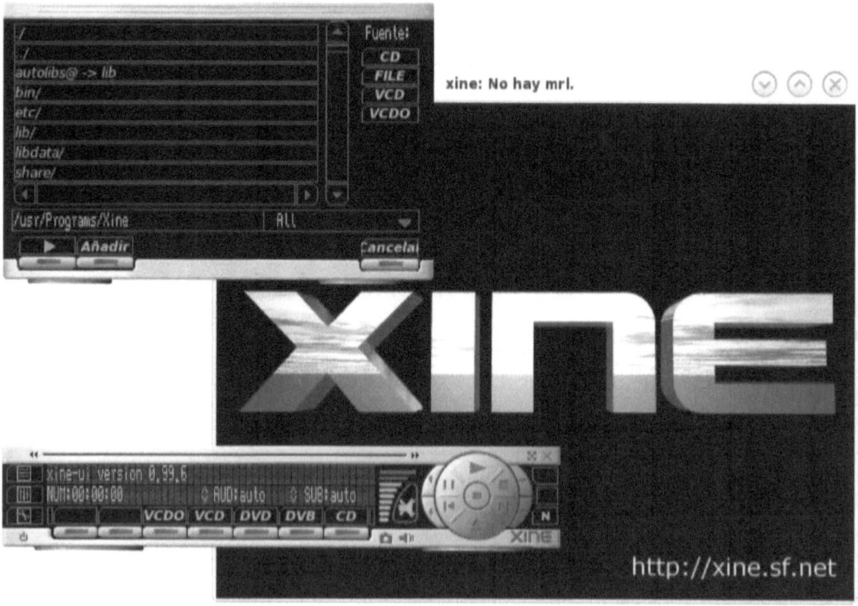

xine

---

69   Disponible en: http://www.xine-project.org/home

13.4. VLC media player

VLC media player[70] es el reproductor multimedia del proyecto VideoLAN, distribuido bajo la licencia GPL. Soporta la mayoría de formatos de audio y vídeo (MPEG-1/2/4, H.264, DivX, MP3, OGG, AAC,…), así como DVDs, CDs de audio VCDs, y varios protocolos de *streaming*. También se puede utilizar como servidor para transmitir en unicast o multicast, en IPv4 o IPv6 en redes con un ancho de banda alto.

Es uno de los reproductores más independientes, en cuanto a plataforma se refiere, con versiones para GNU/Linux, Windows, Mac OS X, BeOS, *BSD, Syllable, QNX, Solaris,…

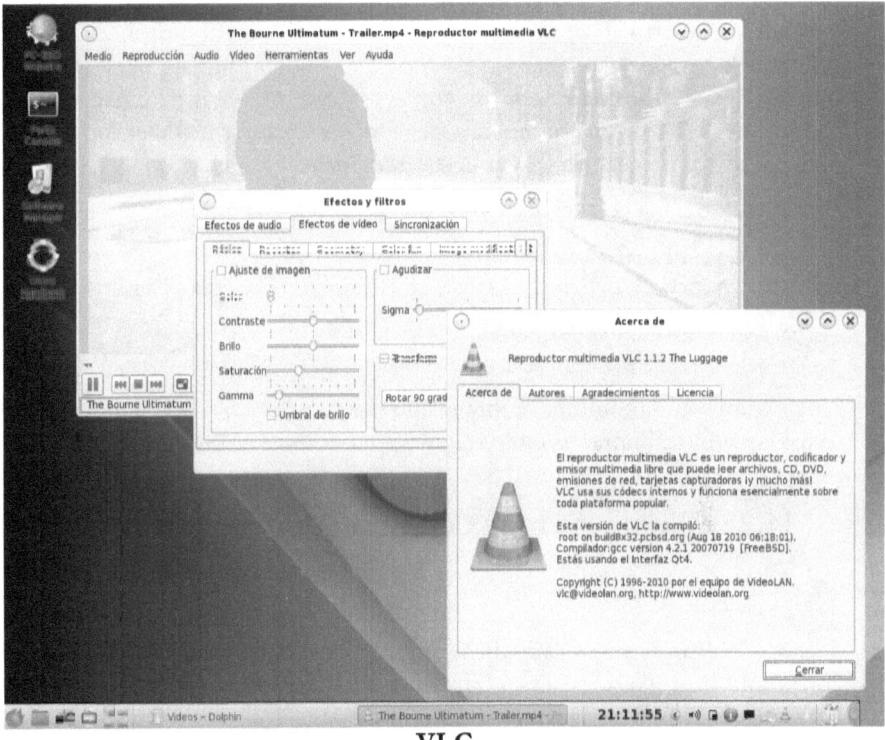

VLC

Como está incluido en la colección de *ports* de FreeBSD, se puede instalar con `pkg_add`. Sin embargo, obtendrá una versión muy parca de VLC. Le recomiendo que compilarlo con el siguiente comando:

```
# cd /usr/ports/multimedia/vlc && make install clean
```

O mejor aún, instálela desde el directorio de PBIs:

http://www.pbidir.com/bt/pbi/102/vlc

---

[70]   Disponible en: http://www.videolan.org/vlc/

14.   ¿Se puede usar el MSN en BSD?

Una respuesta rápida es sí. Existen aplicaciones tales como Pidgin, Kopete, aMSN, etc. que permiten utilizar el protocolo de mensajería MSN. Sin embargo es importante saber que Microsoft solamente tiene una serie de programas autorizados. Utilizar otras aplicaciones podría acarrear problemas legales.

14.1. Cliente de mensajería instantánea aMSN

aMSN[71] es un cliente de mensajería clon de MSN Messenger, gratuito y de código abierto. Tiene compatibilidad con webcam, conexión en más de una cuenta a la vez (*polygamy*), envío de mensajes offline, transferencia de ficheros, muestra un icono diferente a los contactos que nos han eliminado del MSN, soporte de grupos y de conferencia, registros (*logs*), alarmas de eventos, ventanas para chatear por pestañas, emoticonos personalizables, etc.

Está incluido en la colección de *ports* de FreeBSD. Así que...

- o Para instalar el *port*:
  ```
  # cd /usr/ports/net-im/amsn/ && make install clean
  ```
- o Para instalar el paquete:
  ```
  pkg_add -r amsn
  ```

Una opción muy difundida, aunque sólo usa el protocolo MSN messenger pero lo usa muy bien, imprescindible si quieres chatear a lo MSN.

14.2. Cliente de mensajería instantánea Pidgin

Pidgin[72], antes llamado Gaim, es un cliente de mensajería instantánea (IM) multi-protocolo, esto es, compatible no sólo con la red MSN, también con las redes: AIM, Bonjour, Gadu-Gadu, Google Talk, Groupwise, ICQ, IRC, MySpaceIM, QQ, SILC, SIMPLE, Sametime, Jabber/XMPP, Zephyr y Yahoo!

Permite conectarse con diversas cuentas en múltiples redes IM simultáneamente. Esto es, podemos a la vez chatear con amigos en AOL Instant Messenger, hablar con un conocido en Yahoo! Messenger, y estar en un canal IRC. Además dispone de transferencia de ficheros y un gran número de *plugins* para añadir funcionalidades.

---

[71]   Disponible en: http://www.amsn-project.net/
[72]   Disponible en: http://www.pidgin.im/

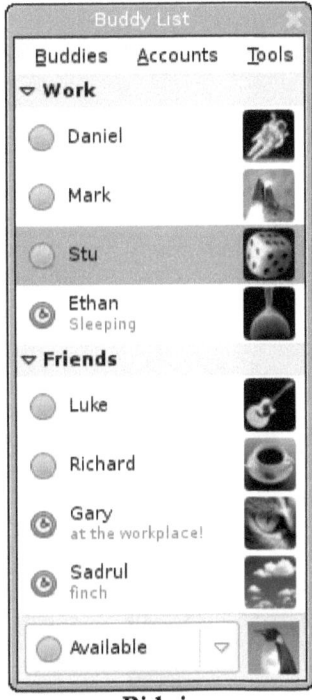

Pidgin

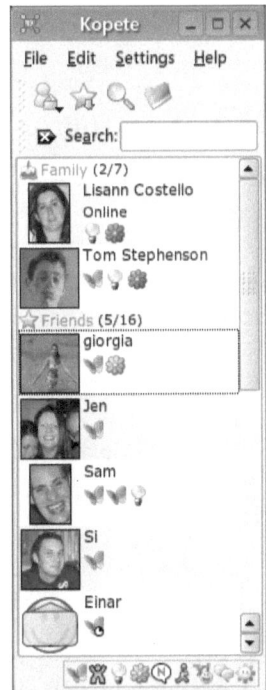

Kopete Instant Messenger

14.3. Cliente de mensajería instantánea Kopete

Kopete[73] es de lo mejor para mensajería, soporta distintos servicios como AIM, ICQ, Windows Live Messenger, Yahoo, Jabber, Gadu-Gadu, Novell GroupWise Messenger, etc. Es ampliamente personalizable y bastante liviano. Por cierto, Kopete sólo trabaja con KDE 3.4.0 o superior.

73   Disponible en: http://kopete.kde.org/

15.   ¿Qué navegadores web tiene?

15.1. Konqueror

Konqueror[74], además de gestor de archivos y visor universal de documentos, es un navegador web. Por tanto puedes pasar fácilmente de un directorio local a una página web.

Navegador web Konqueror

Como ya vimos en el punto 8.3, Konqueror permite:

- o Visualizar los contenidos de múltiples directorios en simultáneo.

- o Generar previsualizaciones de archivos de texto, documentos HTML, imágenes y vídeos en el acto.

- o Mover, copiar, eliminar, crear, ejecutar, visualizar y editar archivos y directorios desde menús simples.

- o Soporta navegación por directorios locales, mediante la introducción de la ruta en la barra de direcciones o la selección de iconos en los paneles.

---

74   Disponible en: http://www.konqueror.org/

15.2. Mozilla Firefox: navegador web

     Mozilla Firefox[75], o Firefox a secas, es uno de los navegadores web más seguros, configurables y eficientes de la actualidad. Descendiente de Mozilla Application Suite, siendo desarrollado por la Corporación Mozilla, la Fundación Mozilla y un gran número de voluntarios externos. Su código fuente es software libre, publicado bajo una triple licencia GPL/LGPL/MPL.

Muchos lo consideran la mejor alternativa a Internet Explorer, gracias a todas sus funcionalidades combinadas con su gran seguridad, cumplimiento de los estándares y su rapidez.

Mozilla Firefox

Entre sus cualidades se encuentran el bloqueo de ventanas autoemergentes, la configuración de su apariencia mediante *skins*, la extensión de sus funcionalidades mediante *plugins*, navegación por pestañas, corrector ortográfico, búsqueda progresiva, marcadores dinámicos, un administrador de descargas y un sistema de búsqueda integrado que utiliza el motor de búsqueda que desee el usuario. Además se pueden añadir funciones a través de complementos desarrolladas por terceros.

Para visualizar páginas web, utiliza el motor de renderizado Gecko.

---

75   Disponible en: http://www.mozilla-europe.org/es/firefox/

15.3. Opera: suite de Internet

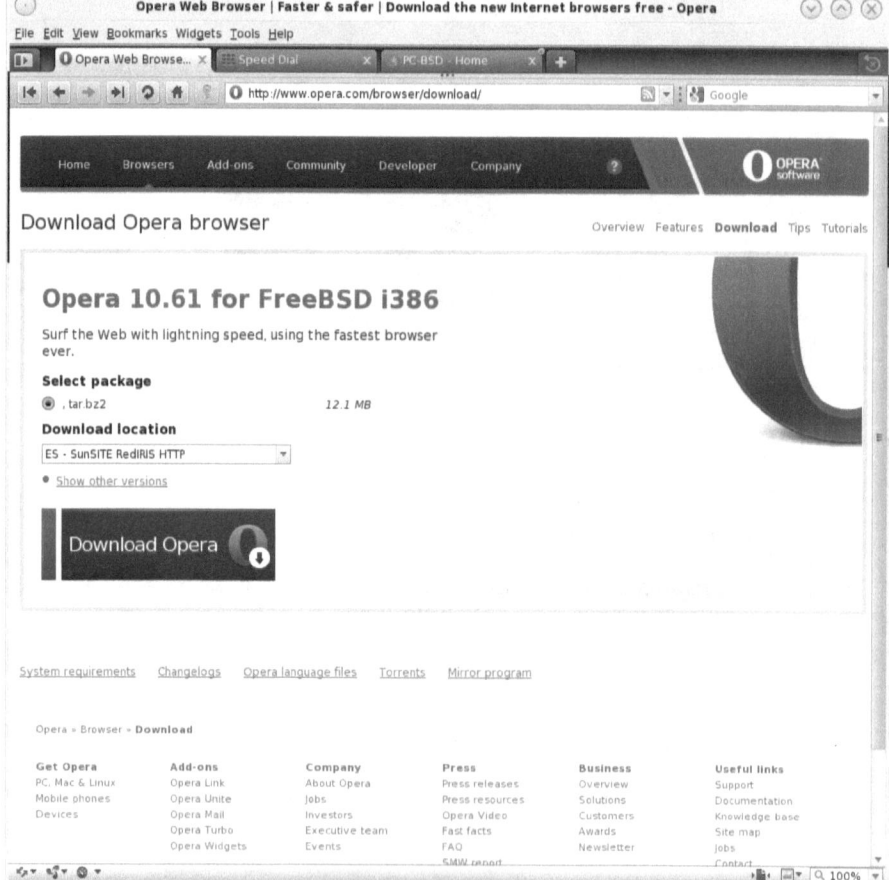

Opera browser[76], suite de Internet que contiene gestor de correo electrónico, cliente BitTorrent y clientes de IRC.

El navegador web de Opera ha sido galardonado en numerosas ocasiones. Se autodefine como el mejor navegador, el más rápido y el más seguro.

El 20 de marzo de 2007 iXsystems, el sponsor "corporativo" del sistema operativo libre PC-BSD basado en FreeBSD, anunció un acuerdo con Opera Software ASA por el cual se incluye al navegador Opera como una opción de instalación en este sistema operativo.

Opera browser

---

[76] Disponible en: http://www.opera.com/

15.4. SeaMonkey: suite de Internet

SeaMonkey[77], suite de aplicaciones para Internet, software libre multiplataforma. Es la continuación de lo que se conocía anteriormente como suite de aplicaciones Mozilla.

El conjunto de aplicaciones que lo conforman es:

- o **Navegador web – SeaMonkey Navigator**: es el descendiente directo de la familia Netscape, de hecho, cuenta con el factor nostalgia de su interfaz gráfica (mantiene el estilo clásico de Netscape Navigator). Cuenta con el mismo motor de renderizado Gecko de Mozilla como Firefox, Camino o Flock. Incluye navegación con pestañas, cumplimiento avanzado de estándares web, escalado de páginas, modo de pantalla completa, bloqueador de ventanas emergentes, etc.

- o **Cliente de correo y grupos de noticias – SeaMonkey Mail & Newsgroups**: Comparte muchas características con Mozilla Thunderbird: admite POP, IMAP, NNTP, SMTP, permite definir y asignar etiquetas, tiene un potente filtro de correo basura y de mensajes fraudulentos, etc. Esto confirma su relación con los proyectos de Mozilla, aunque en esencia se mantengan distintos.

- o **Editor HTML – SeaMonkey Composer**: Editor WYSIWYG de HTML, generando código HTML 4.01 Transitional. Basado en código de KompoZer, el editor HTML individual del proyecto Mozilla.

- o **Cliente IRC – ChatZilla**: Un cliente de chat, totalmente escrito en XUL, que incluso existe como *plugin* para Firefox.

- o Capacidad de instalar extensiones y temas para personalizar, tanto la funcionalidad de SeaMonkey como su aspecto. Y, gracias a la extensión xSidebar[78], si no encuentras la extensión que necesitas, es posible que puedas instalar directamente una de Firefox que sí haga lo que quieres.

El proyecto SeaMonkey lanza versiones oficiales para Windows, GNU/Linux y Mac OS X, existiendo *ports* no oficiales para *BSD, IRIX, OS/2, Solaris y BeOS.

---

77   Disponible en: http://www.seamonkey-project.org/
78   Disponible en: http://xsidebar.mozdev.org/

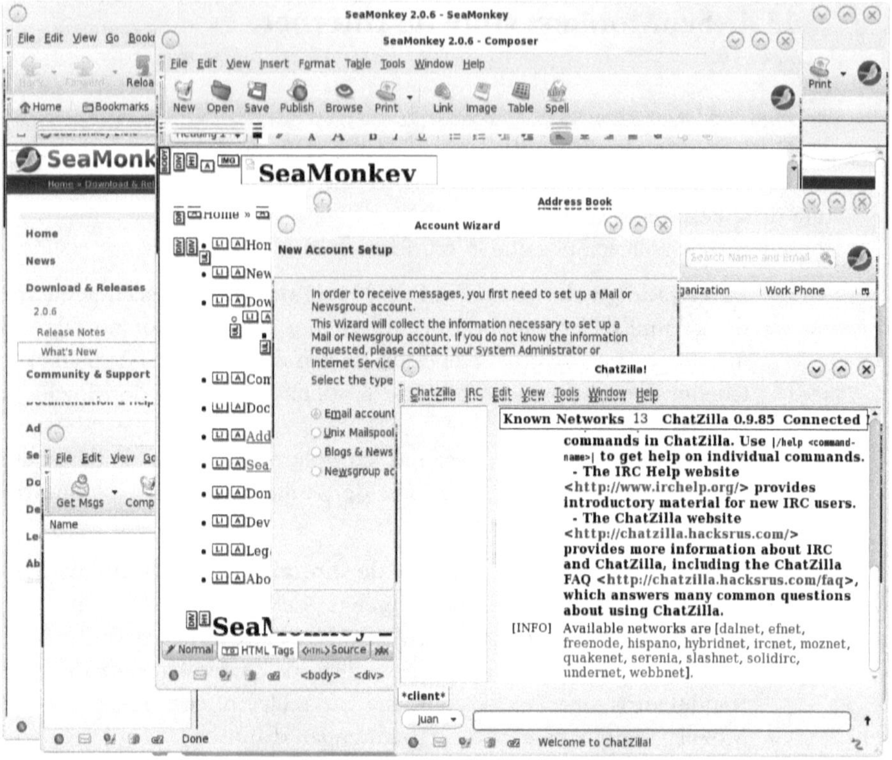

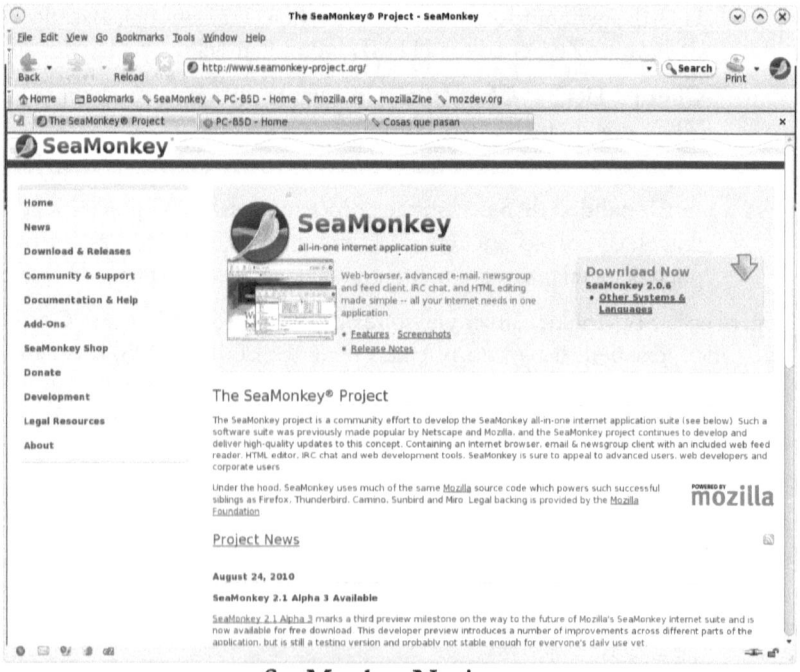

Las aplicaciones de SeaMonkey

SeaMonkey Navigator

16.   ¿Qué programas de correo-e tiene?

16.1. Mozilla Thunderbird: cliente de correo-e

Thunderbird[79], es un cliente de *e-mails* de aspecto similar a Microsoft Outlook Express desarrollado por Mozilla. Permite el uso de *skins* (pieles) y extensiones lo que lo hace extremadamente versátil. Está diseñado para prevenir el ingreso de virus y para detectar y tratar el *spam* de manera eficiente.

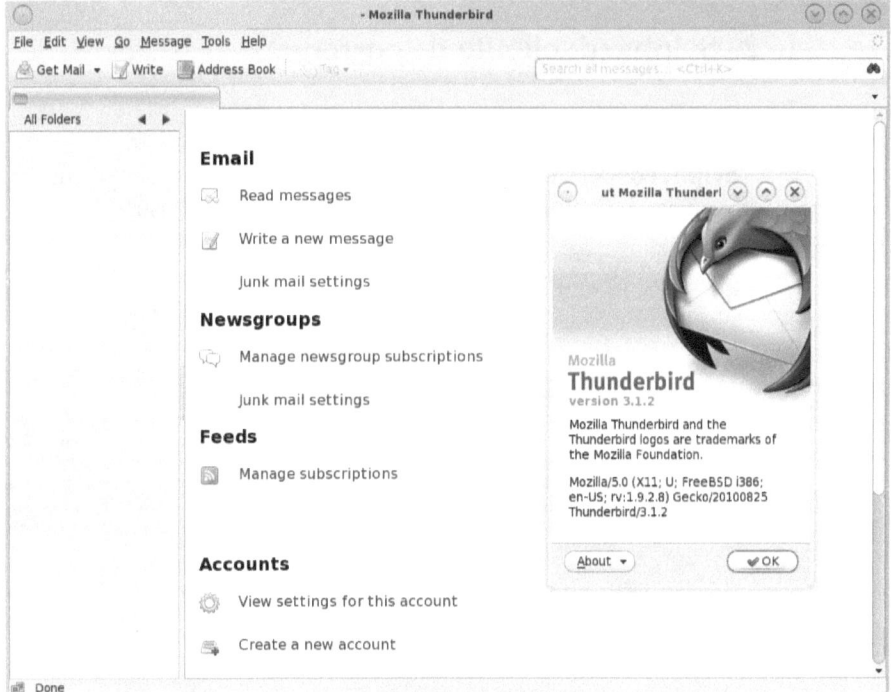

Mozilla Thunderbird

Algunas de sus características son:

o   Elimina el correo basura (*spam*), filtrando los mensajes de entrada. Puede borrar automáticamente los correos basura o ponerlos en una carpeta determinada.

o   Corrector ortográfico integrado, desarrollado por el proyecto Mozilla, permitiendo personalizar el diccionario y seleccionar diversos diccionarios.

---

o   Posibilidad de modificar las barras de herramientas.

o   Seguridad y privacidad.
    Proporciona características de seguridad como S/MIME, firma digital,
    encriptación de mensajes, soporte para certificados digitales y
    dispositivos de seguridad. Además, no permite ejecutar *scripts* por
    defecto, lo que supone más seguridad frente a virus y gusanos.

o   Permite modificar el aspecto configurando su interfaz mediante temas
    descargables de Internet.

o   Ayuda para las extensiones.
    Las extensiones permiten agregar características particulares adaptadas a
    las necesidades del usuario, tales como ayuda fuera de línea del correo.

16.2. Sylpheed: cliente de correo-e

Sylpheed[80] es un cliente de correo electrónico sencillo, muy ligero
pero sin renunciar a ninguna función que necesites y de fácil uso.

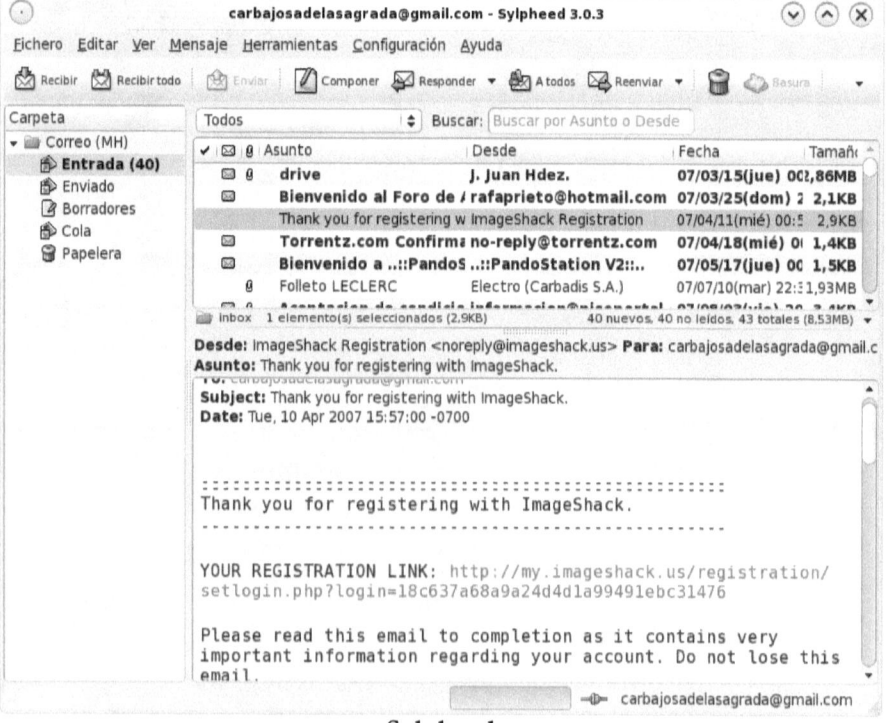

Sylpheed

---

80   Disponible en: http://sylpheed.sraoss.jp/en/

16.3. Evolution: gestor de información personal

Evolution[81] o **Novell Evolution** es un gestor libre de información personal y de trabajo en grupo, desarrollado originalmente por Ximian, y desde 2004 por Novell, actualmente es parte oficial de la suite GNOME Office.

Integra servicios de correo electrónico, calendario, gestión de contactos y lista de tareas en una sola aplicación de fácil uso. Su interfaz gráfica y funcionalidad es equiparable a la de la aplicación Microsoft Outlook.

Incluye características como:

o Conectividad integrada a sistemas de comunicación para empresas, como Microsoft Exchange y Novell GroupWise.

o Compatible con los protocolos de correo IMAP, POP y SMTP.

o Compatibilidad con iCalendar. Así, usuarios de servidores de colaboración diferentes pueden compartir información sobre reuniones la publiquen y se suscriban a calendarios en Internet (*webcal*).

o Comparta datos de sus contactos mediante mensajes adjuntos vCard.

o Soporte para la firma y cifrado de correo a través de GPG (*GNU Privacy Guard*) y S/MIME.

o Integración con Pidgin y Planner.

o Permite recibir, gestionar y organizar los mensajes de múltiples cuentas de correo o servidores de colaboración.

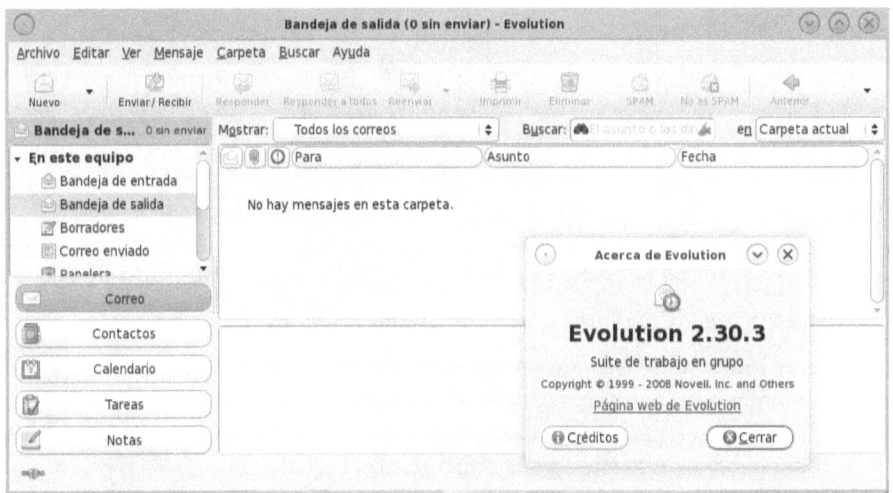

Evolution es el Gestor de Información Personal integrado de GNOME

16.4. KDE Kontact: gestor de información personal

KDE Kontact[82] es en realidad una suite que incluye además otros módulos de administración personal (al estilo de Microsoft Outlook): El módulo correspondiente a correo electrónico (KMail) pese a su apariencia básica, es uno de los mejores. Además de las funciones básicas, posee una libreta de direcciones, filtros de correo, marcado de mensajes, utilización de servidores que necesitan autenticación de correo saliente, soporte para "firmas" GPG.

Kontact admite varios servidores de *groupware* (trabajo colaborativo). Al usar estos servidores de su grupo de trabajo tiene acceso a funciones como las carpetas compartidas de correo electrónico, listas de tareas en grupo, compartir el calendario, libreta de direcciones centrales y la programación de reuniones.

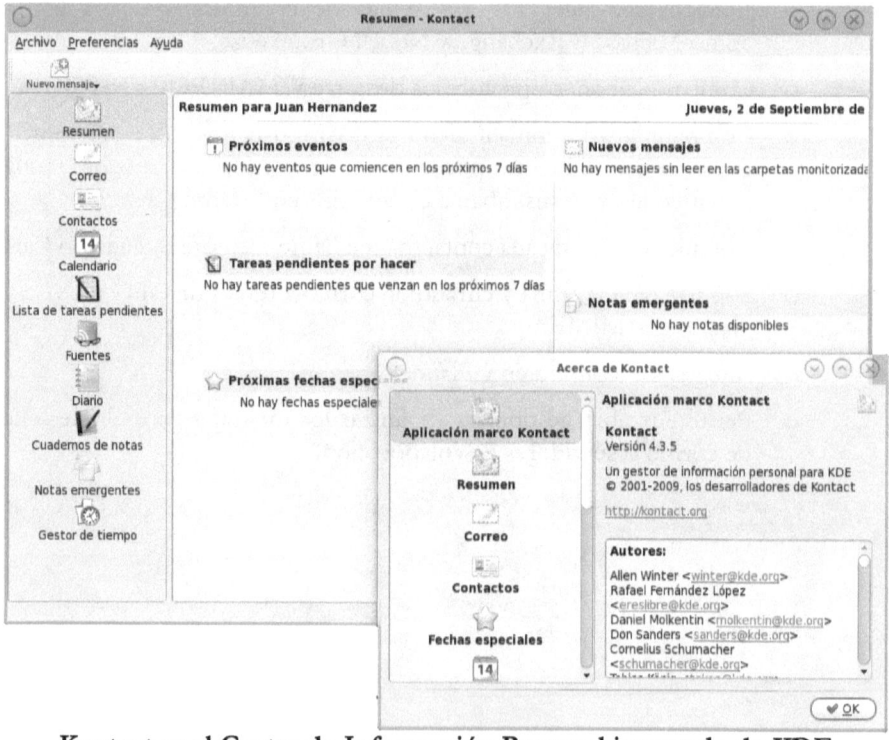

Kontact es el Gestor de Información Personal integrado de KDE

Esta suite une la madurez y las aplicaciones KDE PIM bajo un mismo techo.

En resumen: KDE Kontact proporciona innovaciones para ayudarte a gestionar tus comunicaciones más fácilmente, organizar tu trabajo de forma más rápida, y trabajar juntos más estrechamente, lo que tiene como resultado mayor productividad y eficiencia en la colaboración digital.

---

[82]   Disponible en: http://userbase.kde.org/Kontact

Kontact incluye las siguientes aplicaciones:

16.4.1. KMail, un cliente de correo-e

Ofrece diversas prestaciones:

- Soporta carpetas, filtrado, visualización de correo con HTML y juegos de caracteres internacionales.

- Puede enviar correo a través de un servidor de correo y recibir correo por los protocolos POP3 o IMAP.

- Soporta cifrado OpenPGP mediante GnuPG. Y cifrado S/MIME.

- También tiene compatibilidad para filtrar mensajes de correo a través de antivirus o *antispam* que se encuentren instalados en el sistema.

- Plantillas de mensajes.

KMail es el cliente de correo-e integrado de KDE

16.4.2. KAddressBook, libreta de direcciones

KAddressBook es un programa de gestión de contactos y direcciones (una agenda). Además de nombres, direcciones, teléfonos puede gestionar información sobre mensajería instantánea, así como informaciones especiales de criptografía para el intercambio de emails codificados. Ofrece además la posibilidad de exportar e importar en diversos formatos.

16.4.3. KOrganizer, un organizador personal

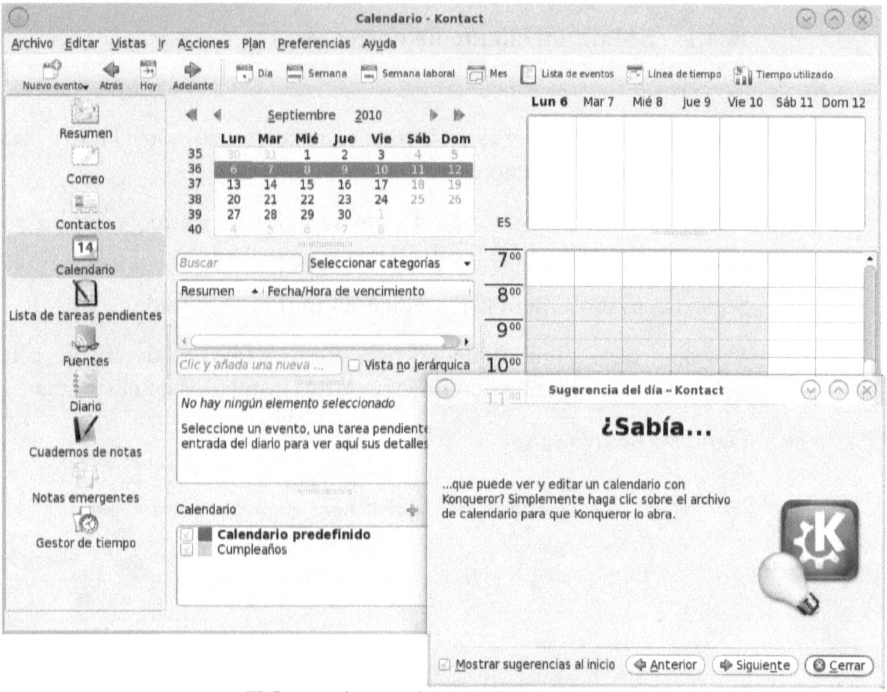

KOrganizer, vista del calendario.

KOrganizer es el programa de calendario y planificación personal.

16.4.4. AKregator, un lector de fuentes RSS

AKregator es un agregador de noticias libre, compatible con *feeds* (suministro de datos) en formato RSS y Atom. Los *feeds* pueden ser ordenados en categorías, Tiene una característica de búsqueda incremental para los títulos de todas las entradas en su base de datos.

Akregator se puede configurar para traer los *feeds* dentro de intervalos regulares. El usuario también puede solicitar, manualmente traer todos los *feeds*, traerlos individualmente, o los de una categoría seleccionada. Soporta iconos de *feeds* y KHTML empotrado como un navegador web interno con pestañas. Cualquier navegador web externo también puede ser llamado.

16.4.5. KNode, un cliente de noticias Usenet

KNode soporta múltiples servidores de protocolo NNTP, juegos de caracteres internacionales, y como todo componente de KDE PIM se integra en Kontact.

16.4.6. KNotes, notas emergentes para el escritorio

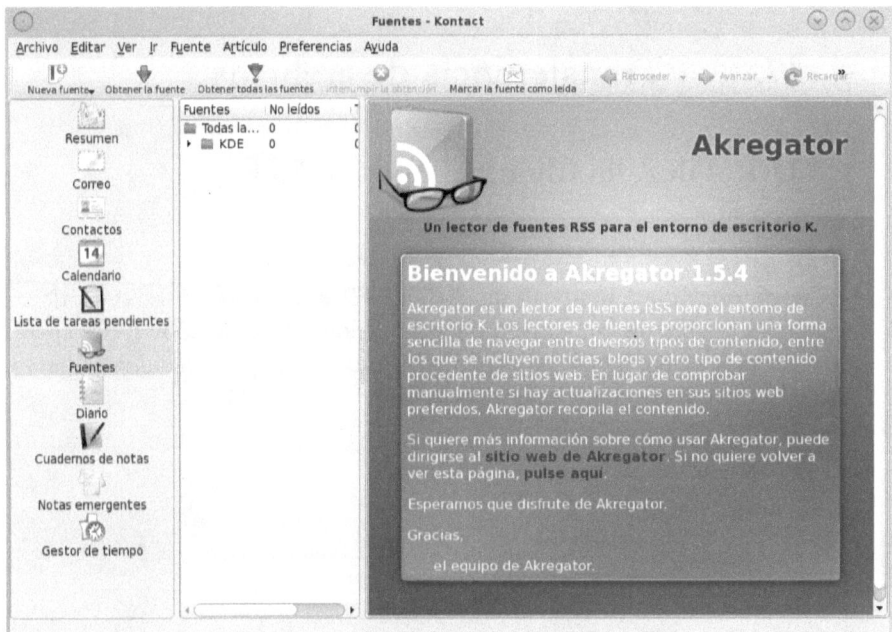

Akregator

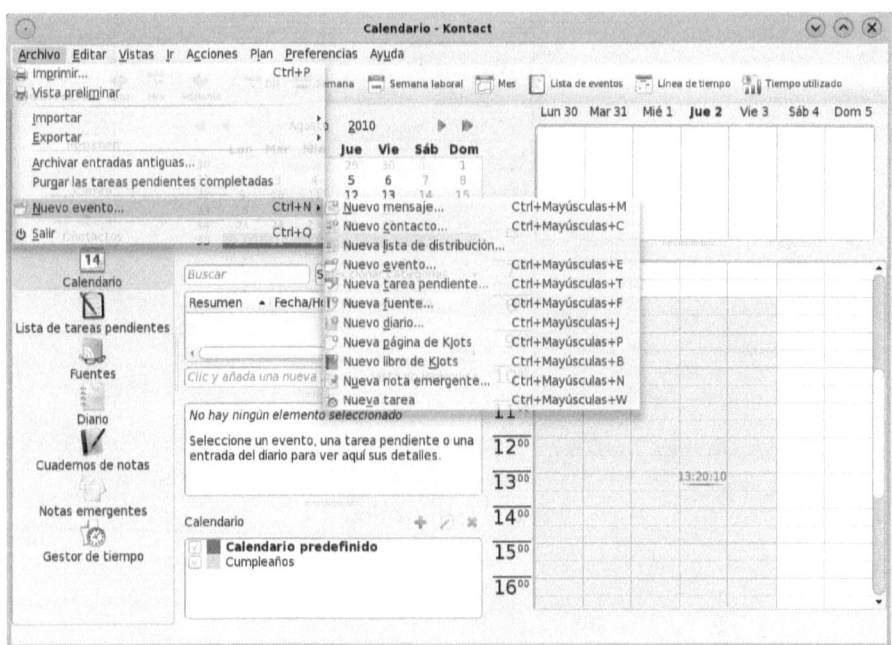

Calendario de Kontact

17. Transferencia de archivos

17.1. FileZilla Client: cliente de FTP

FileZilla Client[83] es un cliente FTP, gratuito, libre (GNU) y de código abierto. Inicialmente fue diseñado para funcionar bajo Windows, pero gracias al uso de wxWidgets[84], es multiplataforma, estando disponible además para otros sistemas operativos, entre ellos *BSD, GNU/Linux y MacOS X.

FileZilla

---

[83] Disponible en: http://filezilla-project.org/

[84] Las wxWidgets son unas bibliotecas libres (LGPL) y multiplataforma, para el desarrollo de interfaces gráficas programadas en lenguaje C++, Java, Javascript, Perl, Python, Smalltalk o Ruby .

Características de FileZilla:

o   Soporta FTP, FTP sobre SSL/TLS (FTPS) y FTP SSH (SFTP).

o   Soporte para IPv6.

o   Soporte para transferencia de archivos de gran tamaño (> 4 GB).

o   Potente administrador de sitios (permite crear una lista de sitios FTP con sus datos de conexión) y cola de transferencia (muestra en tiempo real el estado de cada transferencia activa o en cola).

o   Marcadores.

o   Permite arrastrar y soltar archivos entre las computadoras local y remota.

o   Configuración de límite de velocidad de transferencia.

o   Asistente para configuración de red.

o   Búsqueda y edición de archivos remotos.

o   Soporte de HTTP/1.1, SOCKS5 y proxy FTP.

o   Exploración de directorios sincronizados.

18.   ¿Cómo grabo mis CD/DVD's?

18.1. K3b: el *kreador* de CD y DVD

K3b[85] (acrónimo del inglés *KDE, burn, baby, burn*) es sin duda el mejor grabador de CD y DVD para *BSD. Una interfaz bonita y clara, unida a la cantidad de opciones que maneja, lo convierte en un grabador versátil, rápido y completísimo.

La magia de K3b se basa en que está compuesto de módulos especializados para cada tarea. Así, K3b permite, entre otras cosas, la creación de discos compactos (CD) de datos, creación de CD de audio, creación de Video CD (utilizando para ello la herramienta GNU VCDImager), copia exacta de CD (copia clon), grabación de DVD de datos y creación de Video DVD También posee opciones para ripear CD/DVD.

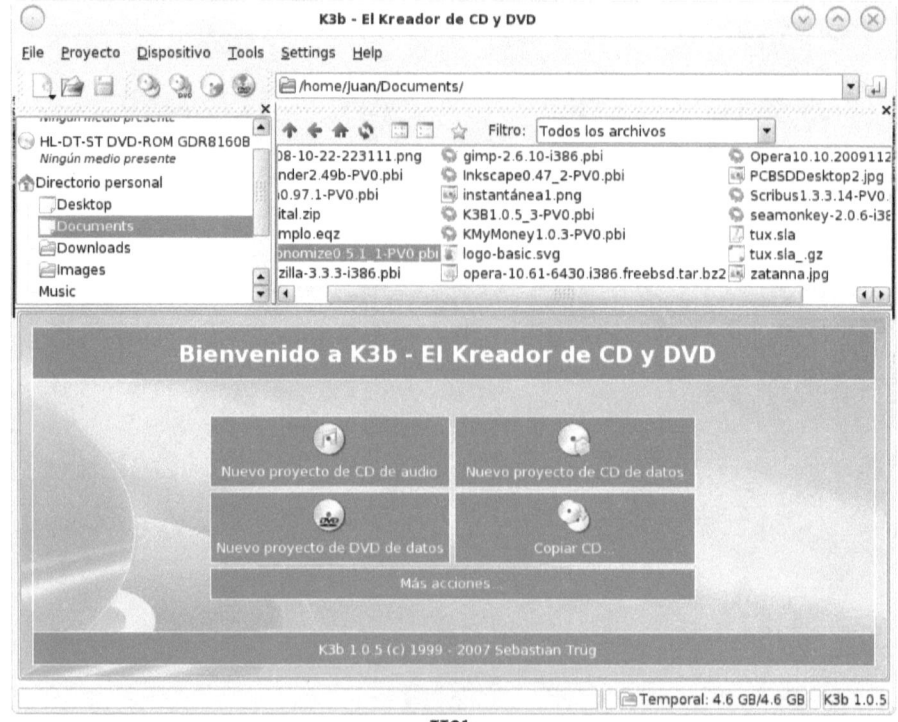

K3b

---

19. Programación

19.1. Bluefish: Diseño web

Bluefish[86] es un potente editor de páginas Web de carácter libre y pensado para desarrolladores web y programadores enfocándose en la edición de páginas dinámicas e interactivas. Es un proyecto *open source* con licencia GPL.

Bluefish

Sus características más significativas son:

o   Interfaz WYSIWYN (*What You See Is What You Need*, "lo que ves es lo que obtienes").

o   Resaltado de sintaxis personalizable, basado en expresiones regulares. Hay incluidos patrones para diversos lenguajes como *C, ColdFusion, Gettext po, HTML, Java, Pascal, Perl, PHP, Python, R, Octave* y *XML.*

---

o Interfaz de múltiples documentos: Permite tener abiertos más de 500 documentos simultáneamente.

o Soporte de múltiples codificaciones. Puede convertir entre diversos juegos de caracteres, soporta caracteres multibyte, unicode, UTF-8, etc.

o Diversos asistentes para la creación fácil de documentos, creación de tablas, marcos (*frames*), etc.

o Diálogo para inserción de imágenes con todas sus características.

o Cajas de diálogo para etiquetas HTML con todos sus atributos.

o Barra de herramientas HTML y menús desplegables.

o Buena funcionalidad de deshacer/rehacer.

o Barra de herramientas personalizable por el usuario que permite un rápido acceso a las funciones más utilizadas.

o Creación de miniaturas de imagen y enlazado automático con la imagen original.

o Fácil creación de múltiples miniaturas de imagen para fácil creación de un álbum de fotos o páginas de capturas de pantallas.

o Integración con muchos programas configurable por el usuario, incluyendo aplicaciones como weblint, tidy, make, javac, etc.

o Buscador de referencia de funciones basada en XML. Actualmente, están incluidas referencias para HTML, PHP y GTK. También puede crearse una referencia de funciones propia.

19.2. KompoZer: Diseño web

KompoZer[87] es un completo sistema de autoría web que combina la gestión de archivos web con la facilidad de edición de una interfaz WYSIWYG, lo que es ideal para usuarios no técnicos informáticos que desean crear un atractivo y de aspecto profesional sitio web sin necesidad de tener conocimientos de HTML o de codificación web.

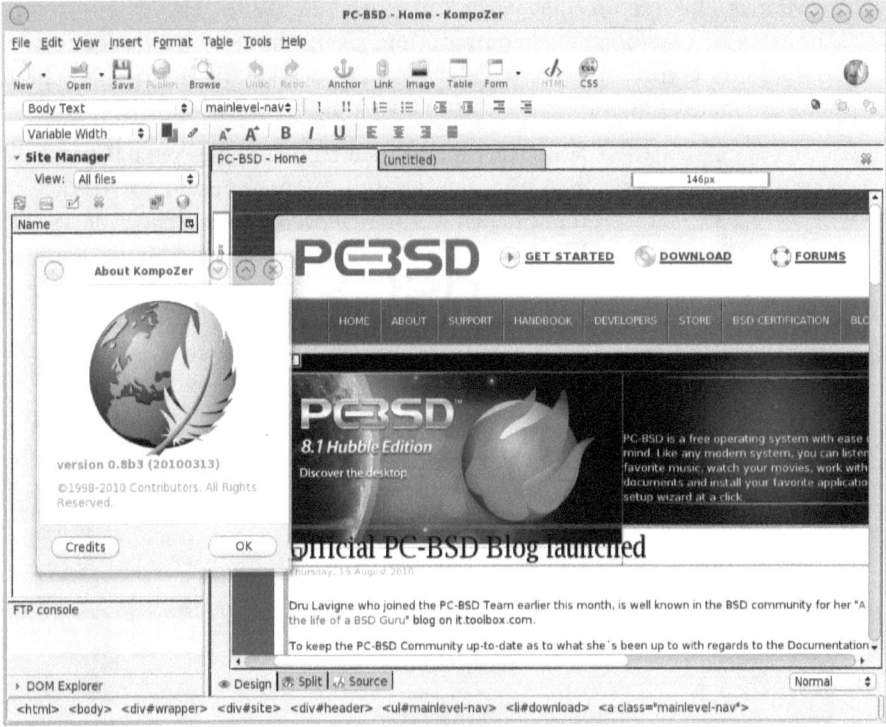

KompoZer

Principales características:

- o Gestión integrada de archivos vía FTP.

- o Creación de código HTML fiable, que funcionará en los navegadores web más populares actualmente.

- o Permite cambiar rápidamente entre distintos modos de visualización mediante pestañas, como el modo de edición WYSIWYG y HTML.

- o Edición con pestañas, permite trabajar fácilmente con múltiples páginas

- o Potente soporte para marcos, formularios, tablas y plantillas.

---

87   Disponible en: http://kompozer.net/

20. ¿Cómo ejecuto programas de Windows?

20.1. Wine

 Existe una aplicación llamada **WineHQ**[88] que permite ejecutar algunos programas de Windows en *BSD. Si hay una partición con Windows se podrán ver las aplicaciones que se encuentran y tratar de ejecutarlas. Le recomiendo visitar el portal de Wine HQ y en su sección Application Database[89], encontrará una larga lista, entre la que destacan aplicaciones como PhotoShop Cs3 y Cs2, Autocad 2008, Flash Cs3, y hasta los populares juegos World of Warcraft 3.0 y Counter Strike.

Wine (acrónimo recursivo en inglés para *Wine Is Not an Emulator*, que significa "Wine no es un emulador") es una reimplementación o *capa de compatibilidad* de la API de Win16 y Win32 para sistemas operativos compatibles POSIX (como *BSD, GNU/Linux o Solaris). Permite la ejecución de muchas aplicaciones para DOS, Windows 3.x/9x/ME/NT/2000/XP/Vista/7.

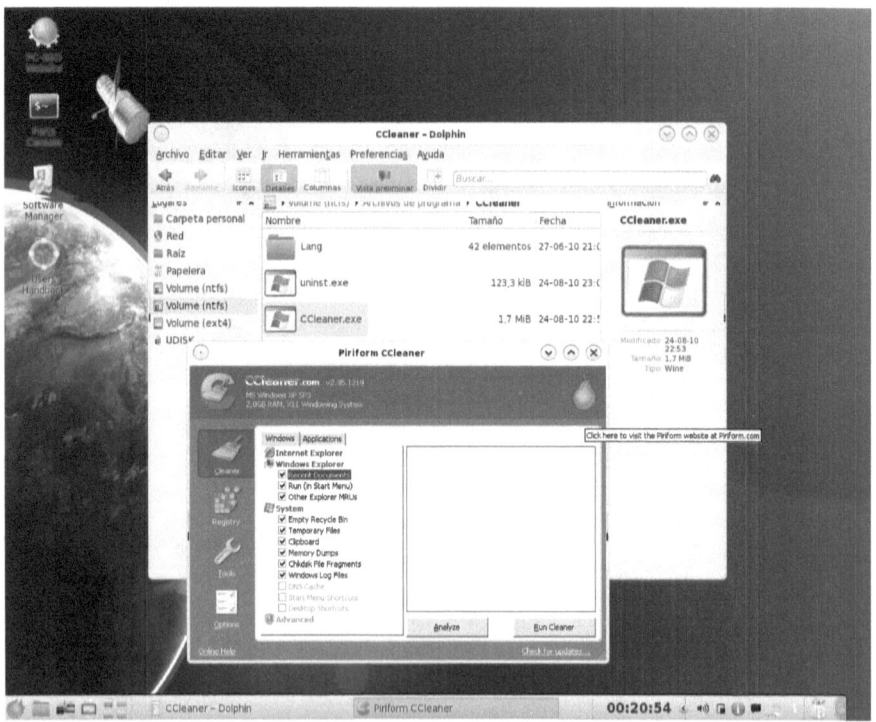

Ejecutando CCleaner vía Wine

---

88   Disponible en: http://www.winehq.org/lang/es
89   Disponible en: http://appdb.winehq.org/

Los programas ejecutados en Wine actúan como programas nativos, se ejecutan sin la penalización de bajo rendimiento o uso de memoria de un emulador, con un aspecto similar a otras aplicaciones en tu escritorio. Las ventanas que abre Wine pueden ser independientes del administrador de ventanas que se esté usando lo que quiere decir que quizá no se las podrá buscar con el atajo de teclado para alternar entre ventanas ("**Alt+Tab**").

20.2. VirtualBox

VirtualBox[90] es un **software de virtualización** actualmente desarrollado por Oracle Corporation. Por medio de esta aplicación es posible instalar sistemas operativos adicionales, conocidos como "sistemas invitados", dentro de otro sistema operativo "anfitrión", cada uno con su propio ambiente virtual. Por ejemplo, se podrían instalar diferentes versiones de Windows en VirtualBox instalado en *BSD o viceversa.

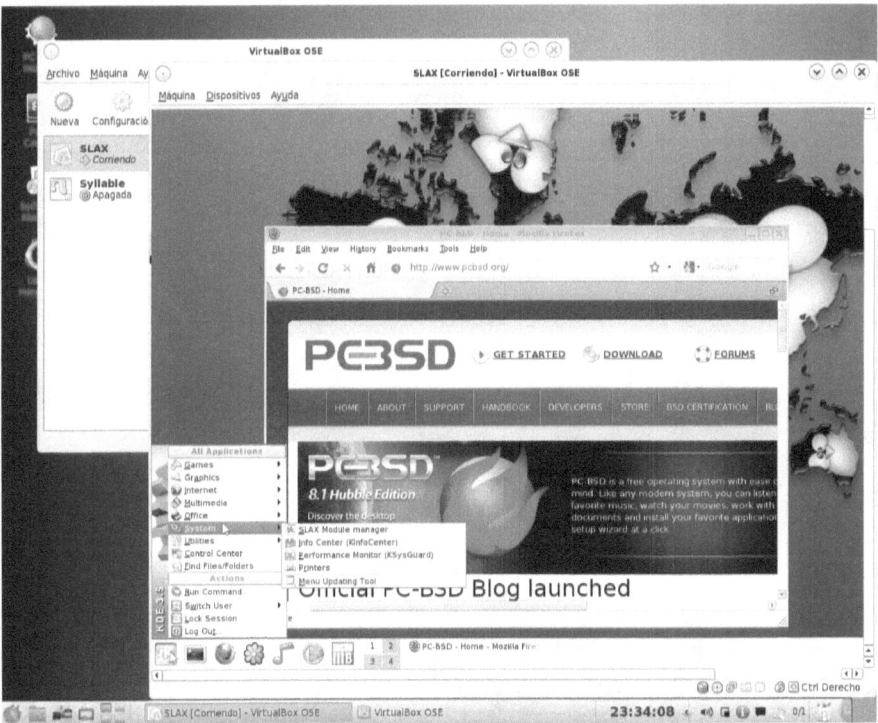

Corriendo SLAX en PC-BSD

---

[90] Disponible en: http://www.virtualbox.org/

20.3. QEMU

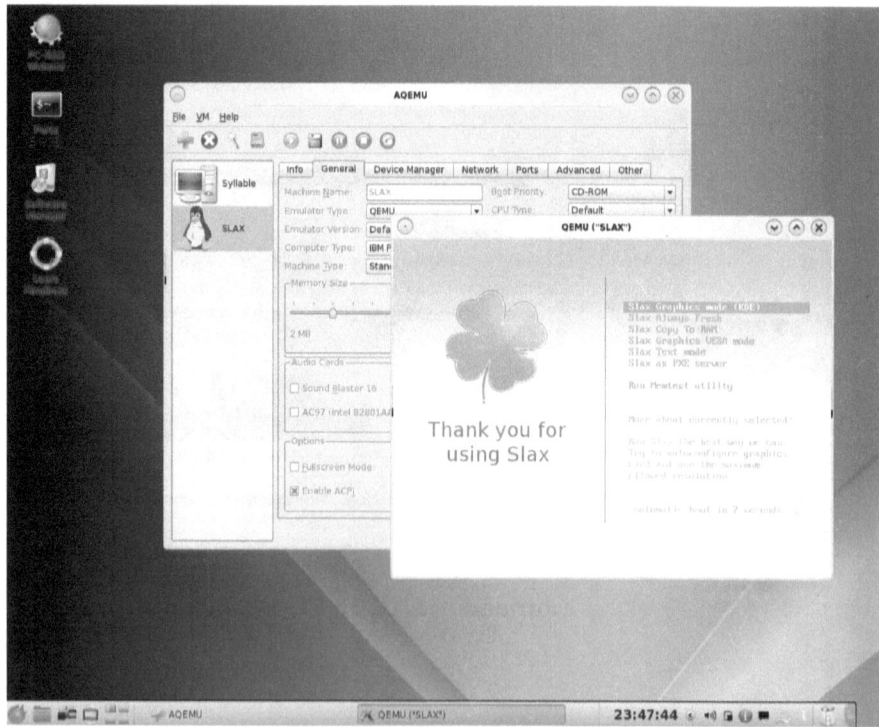

QEMU[91] es un **emulador de procesadores** genérico y **software de virtualización** desarrollado por Fabrice Bellard. Está licenciado en parte con la LGPL y la GPL de GNU.

Cuando se utiliza como un emulador de máquinas, QEMU puede correr sistemas operativos y programas hechos para una máquina (por ejemplo, una placa ARM) en un equipo diferente (por ejemplo, su propia PC). Mediante el uso de traducción dinámica de binarios (conversión del código binario de la arquitectura fuente en código entendible por la arquitectura huésped), se logra un rendimiento muy bueno.

Cuando se usa como virtualizador dentro de un sistema operativo (esta es la forma más común de uso), puede ejecutarse en cualquier tipo de microprocesador o arquitectura (x86, x86-64, PowerPC, MIPS, SPARC, etc.)

El objetivo principal es emular un sistema operativo dentro de otro sin tener que reparticionar el disco duro, empleando para su ubicación cualquier directorio dentro de éste.

Corriendo SLAX en PC-BSD

---

[91] Disponible en: http://wiki.qemu.org/

AQEMU[92] es una Interfaz Gráfica de Usuario (GUI para el emulador de máquinas virtuales QEMU. Presenta una interfaz fácil de usar que incluye la mayoría de las opciones de QEMU.

Principales características de AQEMU:

o   Soporte para los emuladores QEMU y KVM.

o   Fácil de usar: interfaz gráfica escrita en Qt4.

o   Primero se ejecuta el asistente que permitirá comenzar más rápido.

o   Permite capturas de pantalla.

o   Permite crear la imagen del disco duro y la creación de formato.

o   La configuración es muy fácil de portar a otras máquinas:
    `$HOME/.aqemu/*.aqemu`

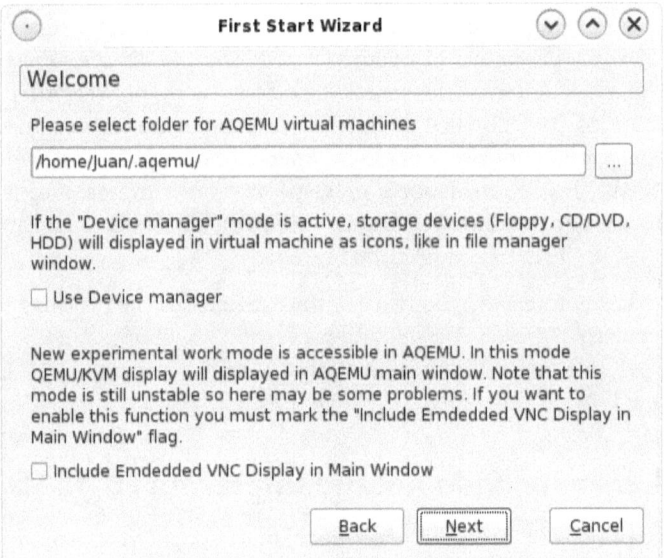

Asistente inicial de AQUEMU

───────────────────────────

92 Disponible en: http://sourceforge.net/projects/aqemu/

21.   La impresora

La impresora, como cualquier otra cosa, es un fichero en Unix. Pero nosotros no lo vamos a utilizar directamente (el fichero), sino mediante la orden `lpr` (o imprimiendo desde un programa que tenga opción de imprimir, claro).

21.1. CUPS

Common Unix Printing System[93] (Sistema de impresión común de Unix, abreviado **CUPS**) es un sistema de impresión modular para sistemas operativos de tipo Unix que permite que una computadora actúe como servidor de impresión que puede aceptar tareas de impresión desde otras computadoras clientes, los procesa y los envía al servidor de impresión apropiado.

CUPS está compuesto por una cola de impresión con su planificador, un sistema de filtros que convierte datos para imprimir hacia formatos que la impresora conozca, y un sistema de soporte que envía los datos al dispositivo de impresión. CUPS utiliza el protocolo IPP (*Internet Printing Protocol*) como base para el manejo de tareas de impresión y de colas de impresión. También provee los comandos tradicionales de línea de comandos de impresión de los sistemas Unix, junto a un soporte limitado de operaciones bajo el protocolo *Server Message Block* (SMB). Los controladores de dispositivos de impresión que CUPS provee pueden ser configurados utilizando archivos de texto con formato *PostScript Printer Description* (PPD) de Adobe Systems.

Existen varias interfaces de usuario para diferentes plataformas para configurar CUPS; cuenta también con una interfaz como aplicación Web.
CUPS es software libre y se distribuye bajo licencia GNU General Public License y GNU Lesser General Public License, versión 2.

21.2. Instalando nuestra impresora en *BSD

Es importante que antes de nada, verifiquen que su impresora esté soportada y si así es con qué *driver* funciona bien ya que tenemos que especificar qué *driver* queremos usar (ejemplo práctico: no hay *drivers* para la Stylus CX3900 así que debemos usar los de la CX3800). Es necesario que nuestro sistema tenga ya instalado CUPS (*Common Unix Printing System*).

Primero, tecleamos desde una terminal:

```
# sudo usermod -G shadow -a cupsys
```

---

[93] Disponible en: http://www.cups.org/

Después reiniciamos el CUPS:

```
# sudo /etc/init.d/cupsys restart
```

Ahora abrimos nuestro navegador web, y vamos a esta dirección web:

http://localhost:631/admin

Carga una web como la que vemos a continuación:

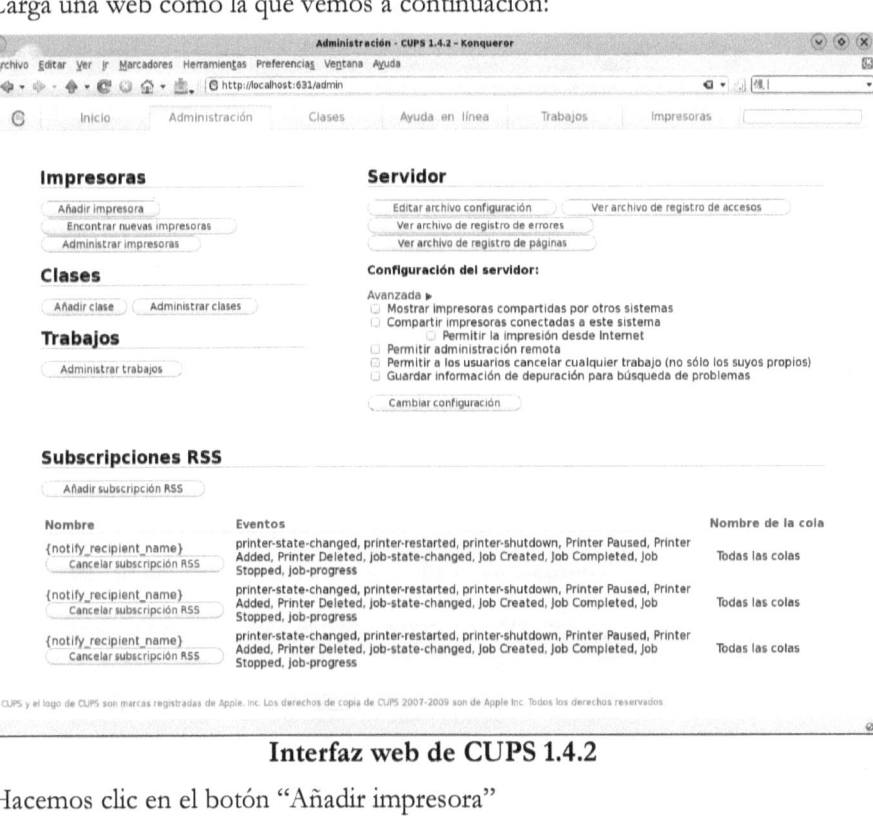

Interfaz web de CUPS 1.4.2

Hacemos clic en el botón "Añadir impresora"

Panel de administración de CUPs

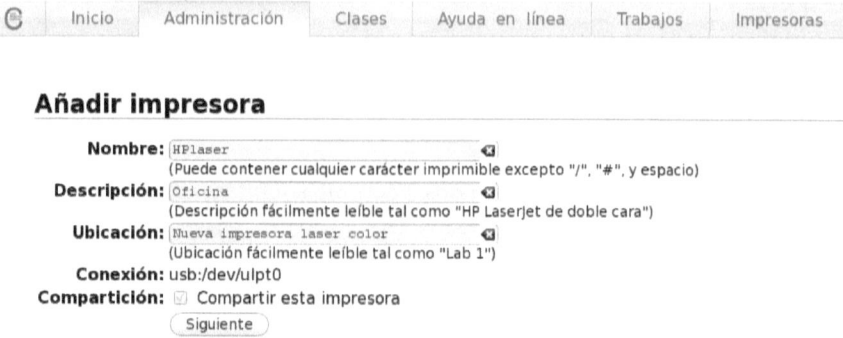

Añadir impresora, paso 1

Y nos saldrá lo que vemos arriba. Le damos un nombre, una ubicación y una descripción, lo que sea está bien ya que esto no afecta a la configuración. Procuremos darle un nombre simple y sin caracteres especiales.

Añadir impresora, paso 2

Ahora elegimos nuestra impresora. Lo normal es que sea una impresora local por USB, suponiendo esto tiene que aparecer con el nombre correspondiente. Si no aparece y sólo se ven las que podemos apreciar en la imagen arriba, verificamos que este bien conectada y encendida, y cuando hayamos verificado esto, refrescamos la página. En caso que si aparezca, la seleccionamos y pulsamos el botón "Añadir impresora".

Añadir impresora

Nombre: HPlaser
Descripción: Oficina
Ubicación: Nueva impresora laser color
Conexión: usb:/dev/ulpt0
Compartición: compartir esta impresora
Marca: HP (Seleccione otra marca/fabricante)
Modelo:
HP Color Laserjet 8550GN - CUPS+Gutenprint v5.2.4 (en)
HP Color Laserjet 8550GN Foomatic/gutenprint-ijs-simplified.5.2 (en)
HP Color Laserjet 8550GN Foomatic/gutenprint-ijs.5.2 (en)
HP Color Laserjet 8550GN Foomatic/hpijs (en)
HP Color Laserjet 8550GN Foomatic/Postscript (en)
HP Color Laserjet 9500 Foomatic/Postscript (en)
HP Color Laserjet 9500 MFP Foomatic/Postscript (en)
HP Color Laserjet 9500 MFP Postscript (en)
HP Color Laserjet 9500 Postscript (en)
HP Color Laserjet CM1015 Postscript (en)

O proporcione un archivo PPD: [ ]

Añadir impresora, paso 3

Y ya tenemos instalada nuestra impresora.

En PC-BSD (desde KDE en general) también podemos ir directamente a Administrar impresión desde el lanzador de aplicaciones:

Lanzador de aplicaciones – Sistema – Administrar impresión

22.   La licencia BSD

Copyright (c) <año> <autores>
All rights reserved.

Redistribution and use in source and binary forms, with or without modification, are permitted provided that the following conditions are met:

- Redistributions of source code must retain the above copyright notice, this list of conditions and the following disclaimer.

- Redistributions in binary form must reproduce the above copyright notice, this list of conditions and the following disclaimer in the documentation and/or other materials provided with the distribution.

- Neither the name of the "Olimpíada Matemática Argentina" nor the names of its contributors may be used to endorse or promote products derived from this software without specific prior written permission.

THIS SOFTWARE IS PROVIDED BY THE COPYRIGHT HOLDERS AND CONTRIBUTORS "AS IS" AND ANY EXPRESS OR IMPLIED WARRANTIES, INCLUDING, BUT NOT LIMITED TO, THE IMPLIED WARRANTIES OF MERCHANTABILITY AND FITNESS FOR A PARTICULAR PURPOSE ARE DISCLAIMED. IN NO EVENT SHALL THE COPYRIGHT OWNER OR CONTRIBUTORS BE LIABLE FOR ANY DIRECT, INDIRECT, INCIDENTAL, SPECIAL, EXEMPLARY, OR CONSEQUENTIAL DAMAGES (INCLUDING, BUT NOT LIMITED TO, PROCUREMENT OF SUBSTITUTE GOODS OR SERVICES; LOSS OF USE, DATA, OR PROFITS; OR BUSINESS INTERRUPTION) HOWEVER CAUSED AND ON ANY THEORY OF LIABILITY, WHETHER IN CONTRACT, STRICT LIABILITY, OR TORT (INCLUDING NEGLIGENCE OR OTHERWISE) ARISING IN ANY WAY OUT OF THE USE OF THIS SOFTWARE, EVEN IF ADVISED OF THE POSSIBILITY OF SUCH DAMAGE.

Las versiones más antiguas de la licencia incluían una cuarta cláusula, llamada la *cláusula de publicidad*. En 1999 esta cláusula fue revocada con efecto retroactivo de las distribuciones BSD de la Universidad de California, Berkeley.

Algunos proyectos incluyen esta cláusula, que aparece como la cláusula 3 en la licencia original (la última cláusula pasaría a ser la número 4):

- All advertising materials mentioning features or use of this software must display the following acknowledgement:

  This product includes software developed by <autores> and contributors.

El autor, bajo esta licencia, mantiene la protección de copyright únicamente para la renuncia de garantía y para requerir la adecuada atribución de la autoría en trabajos derivados, pero permite la libre redistribución y modificación.

Puede argumentarse que esta licencia asegura "verdadero" software libre, en el sentido que el usuario tiene libertad ilimitada con respecto al software, y que puede decidir incluso redistribuirlo como no libre. Otras opiniones están orientadas a destacar que este tipo de licencia no contribuye al desarrollo de más software libre.

El contenido subsiguiente existe sólo con fines informativos y no debe considerarse un texto legal. Es una traducción no oficial al español de la licencia BSD modificada. No establece legalmente las condiciones de distribución para el software que usa la licencia BSD. Estas condiciones se establecen solamente por el texto original, en inglés. Sin embargo, se añade a fin de ayudar a los hispanohablantes a entender mejor la licencia BSD:

Copyright (c) <año> <autores>
Todos los derechos reservados.

La redistribución y el uso en forma de fuente o binario, con o sin modificación, están permitidas a reserva de que se cumplan las siguientes condiciones:

1. La redistribución del código fuente debe incluir el anuncio de copyright arriba mencionado, esta lista de condiciones y la siguiente limitación de responsabilidad.

2. La redistribución en forma de binarios debe incluir el anuncio de copyright arriba mencionado, esta lista de condiciones y la siguiente limitación de responsabilidad en la documentación y/o en otros materiales proporcionados con la distribución.

3. El nombre del autor no se puede usar para respaldar o promover productos derivados de este programa sin un permiso previo por escrito.

ESTE PROGRAMA ES PROPORCIONADO POR EL AUTOR "TAL CUAL" Y CUALESQUIERA GARANTÍAS EXPRESAS O IMPLICADAS, INCLUYENDO PERO NO LIMITANDO, LAS GARANTÍAS IMPLÍCITAS DE COMERCIALIZACIÓN Y CAPACIDAD PARA UN PROPÓSITO PARTICULAR ESTÁN NEGADAS. EN NINGÚN CASO PODRÁ EL AUTOR SER RESPONSABLE POR NINGÚN DAÑO DIRECTO, INDIRECTO, INCIDENTAL, ESPECIAL, EJEMPLAR, O RESULTANTE (INCLUYENDO, PERO NO LIMITANDO A, PROCURACIÓN DE BIENES SUSTITUTOS O SERVICIOS; PÉRDIDA DE FUNCIONALIDAD, DATOS, O BENEFICIOS; O INTERRUPCIÓN DE NEGOCIOS) NO OBSTANTE LA CAUSA, Y EN NINGUNA TEORÍA DE RESPONSABILIDAD, YA SEA POR CONTRATO, RESPONSABILIDAD LIMITADA, O DAÑO DERIVADO DE UN ACTO O FALTA DE DICHO ACTO (INCLUYENDO NEGLIGENCIA O CUALQUIER OTRO) RESULTANTE DE CUALQUIER MODO DE USO DE ESTE PROGRAMA, INCLUSO SI SE ADVIRTIÓ DE LA POSIBILIDAD DE DICHO DAÑO.

23.   ¡1…2…3… PC-BSD!

Más y más usuarios de Windows se preguntan… "¿Qué es PC-BSD?"…
"¿Cómo empiezo?"… Estos pasos te van a enseñar todo lo que necesitas saber
para comenzar a utilizar PC-BSD 8.1. ¡Buena suerte!…

Con PC-BSD podemos tener un BSD como sistema de escritorio, y con ello,
disfrutar de la estabilidad y seguridad que nos ofrece este sistema.

23.1. ¿Qué es PC-BSD?

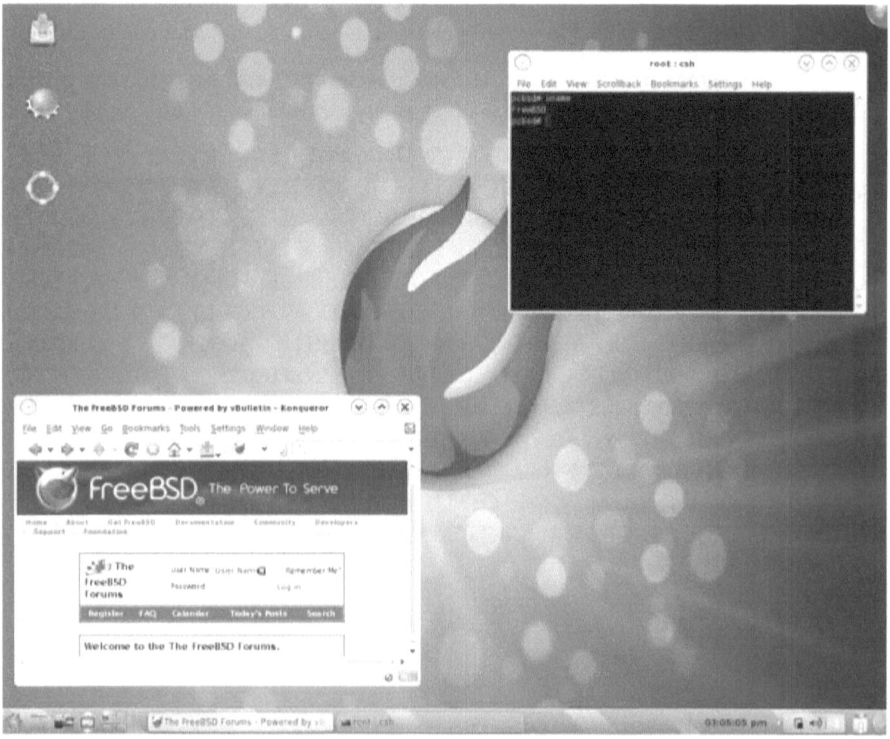

PC-BSD 8 es la última versión de PC-BSD, un sistema operativo libre basado en FreeBSD, pensado para ser usado como sistema de escritorio con el entorno de escritorio KDE. Su enfoque dirigido al usuario final, lo convierte en el Ubuntu de la familia BSD. Es importante tener en cuenta que PC-BSD NO es una distribución de Linux. Ambos están basados en Unix, pero PC-BSD está basado en FreeBSD y no en GNU/Linux.

Cuenta con un programa de instalación gráfica que debería ser suficiente fácil para cualquiera que lo use, tiene un gran número de aplicaciones de escritorio pre-instaladas y, aunque soporta el sistema de *ports* de FreeBSD, proporciona un método de instalación sencillo de paquetes precompilados.

Además, el *kernel* de PC-BSD ha sido recompilado con algunas modificaciones de tal manera que tenga un mejor comportamiento como sistema de escritorio. E incluso incluye los *drivers* para las tarjetas aceleradoras de video NVIDIA.

23.2. Instalando PC-BSD 8

PC-BSD 8.1 Hubble Edition puede descargarse desde la página oficial[94]. Está disponible para arquitecturas i386 (32-bit) y amd64 (64-bit), cada una incluye cuatro versiones distintas:

o **DVD y USB**: Instalación completa más componentes opcionales.

o **CD y USB, sólo para arranque**: Instalación por red e internet.

Una vez descargada la imagen y la hayamos quemado en un CD/DVD/USB, es hora de insertarla en la computadora y *bootear* (iniciar) desde ella. A continuación veremos una pantalla como la siguiente:

---

[94] Disponible en: http://www.pcbsd.org/

```
CD Loader 1.2

Building the boot loader arguments
Looking up /BOOT/LOADER... Found
Relocating the loader and the BTX
Starting the BTX loader

BTX loader 1.00  BTX version is 1.02
Consoles: internal video/keyboard
BIOS CD is cd0
BIOS drive A: is disk0
BIOS drive C: is disk1
BIOS 639kB/129984kB available memory

FreeBSD/i386 bootstrap loader, Revision 1.1
(root@build8x32.pcbsd.org, Sat Jul 17 10:56:58 PDT 2010)
Loading /boot/defaults/loader.conf
/
```

En primera instancia, el sistema precarga algunos módulos hasta presentar un menú (en inglés) con ocho opciones.

Escoge la opción número 1 para **arrancar la instalación gráfica de PC-BSD** (es la opción predeterminada). La número 7 te será útil en caso de fallar la autodetección de la tarjeta gráfica con la opción 1. Desactivar ACPI con el número 2 ayuda a resolver ciertos problemas durante la instalación. La tecla espaciadora pausa el contador de tiempo.

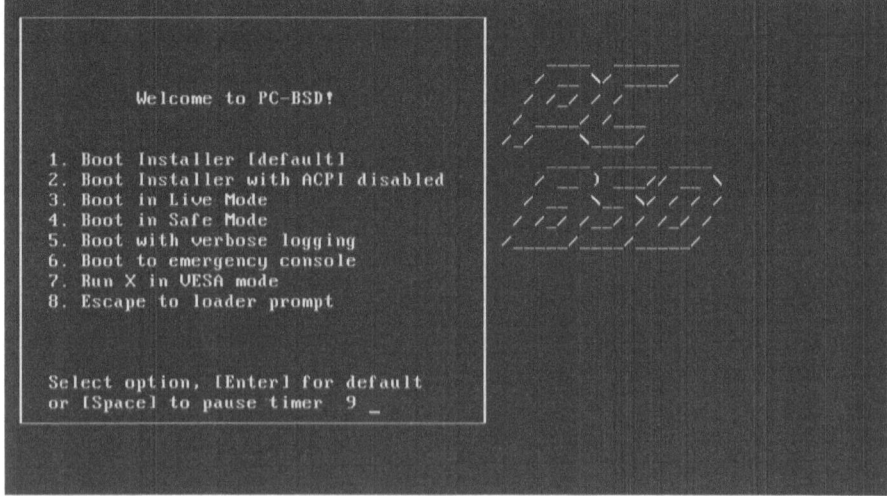

Ahora ya no aparecen cascadas de mensajes de texto, sino un discreto *bootsplash* con el nombre del sistema operativo (pero podemos volver al sistema "clásico" con pulsar cualquier tecla).

El proceso tarda un poco, no se impacienten.

23.2.1. La instalación gráfica

Finalmente aparece el logo de **PC-BSD** y un menú para la **selección de idioma,** junto a un mensaje de bienvenida:

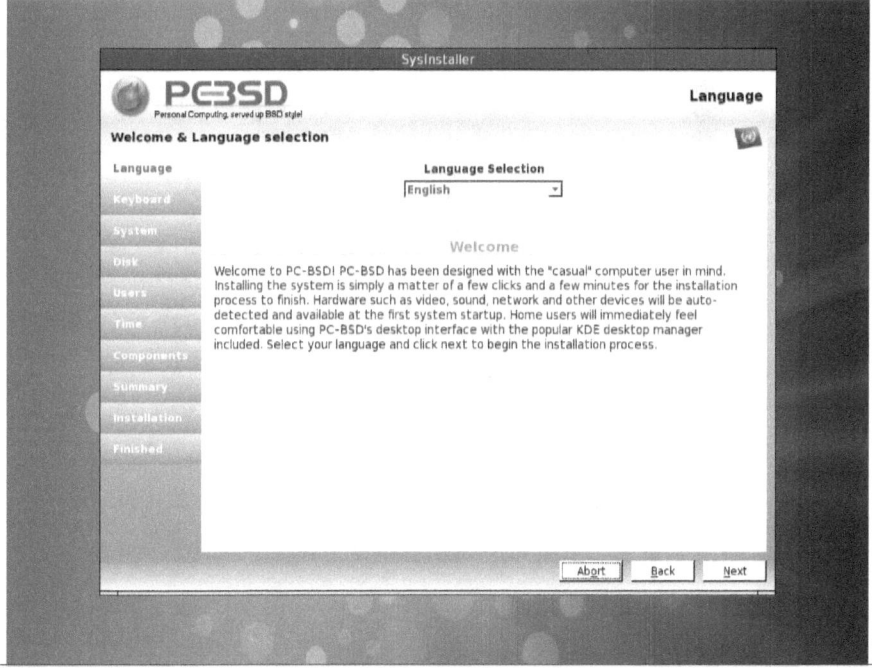

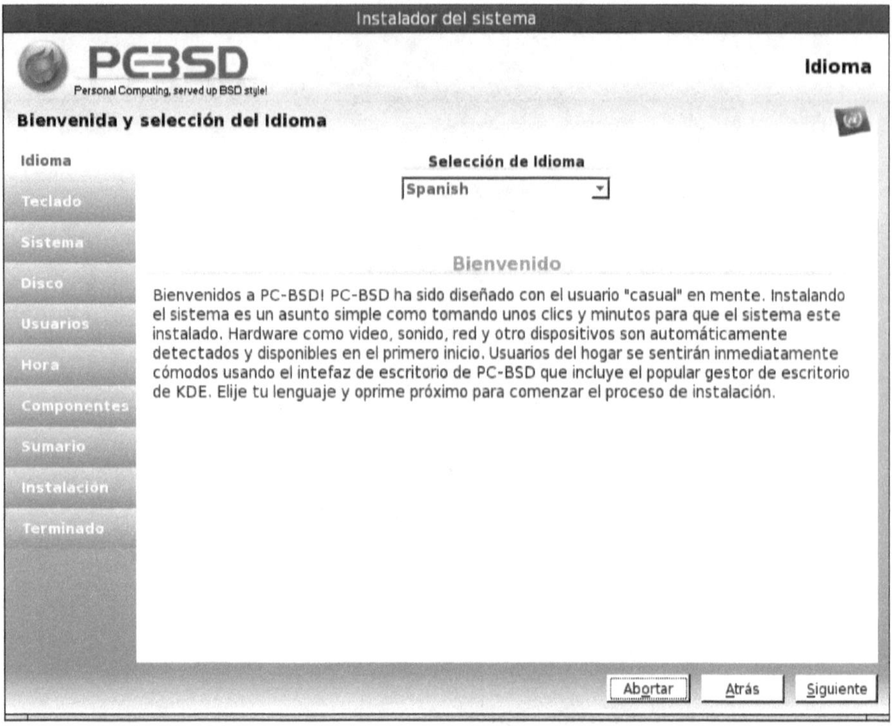

Instalador del sistema

PC3SD
Personal Computing, served up BSD style!

Idioma

Bienvenida y selección del Idioma

Idioma

Teclado

Sistema

Disco

Usuarios

Hora

Componentes

Sumario

Instalación

Terminado

Selección de Idioma

Spanish ▾

Bienvenido

Bienvenidos a PC-BSD! PC-BSD ha sido diseñado con el usuario "casual" en mente. Instalando el sistema es un asunto simple como tomando unos clics y minutos para que el sistema este instalado. Hardware como video, sonido, red y otro dispositivos son automáticamente detectados y disponibles en el primer inicio. Usuarios del hogar se sentirán inmediatamente cómodos usando el intefaz de escritorio de PC-BSD que incluye el popular gestor de escritorio de KDE. Elije tu lenguaje y oprime próximo para comenzar el proceso de instalación.

Abortar | Atrás | Siguiente

Luego, hay que determinar la **configuración del teclado**.

Instalador del sistema

PC3SD
Personal Computing, served up BSD style!

Teclado

Configuración del teclado

Idioma

Teclado

Sistema

Disco

Usuarios

Hora

Componentes

Sumario

Instalación

Terminado

Modelo de Teclado

Generic 104-key PC - (pc104) ▾

Disposición de Teclado preferida

Norway - (no)
Poland - (pl)
Portugal - (pt)
Romania - (ro)
Russia - (ru)
Serbia and Montenegro - (cs)
Slovenia - (si)
Slovakia - (sk)
Spain - (es)
Sweden - (se)
Switzerland - (ch)
Syria - (sy)
Tajikistan - (tj)
Sri Lanka - (lk)

Variante preferida

<none>
Eliminate dead keys - (nodeadkeys)
Sun dead keys - (sundeadkeys)
Dvorak - (dvorak)
Catalan variant with middle-dot L - (cat)
Macintosh - (mac)

(puede escribir en el espacio inferior para probar la configuración seleccionada.)

Abortar | Atrás | Siguiente

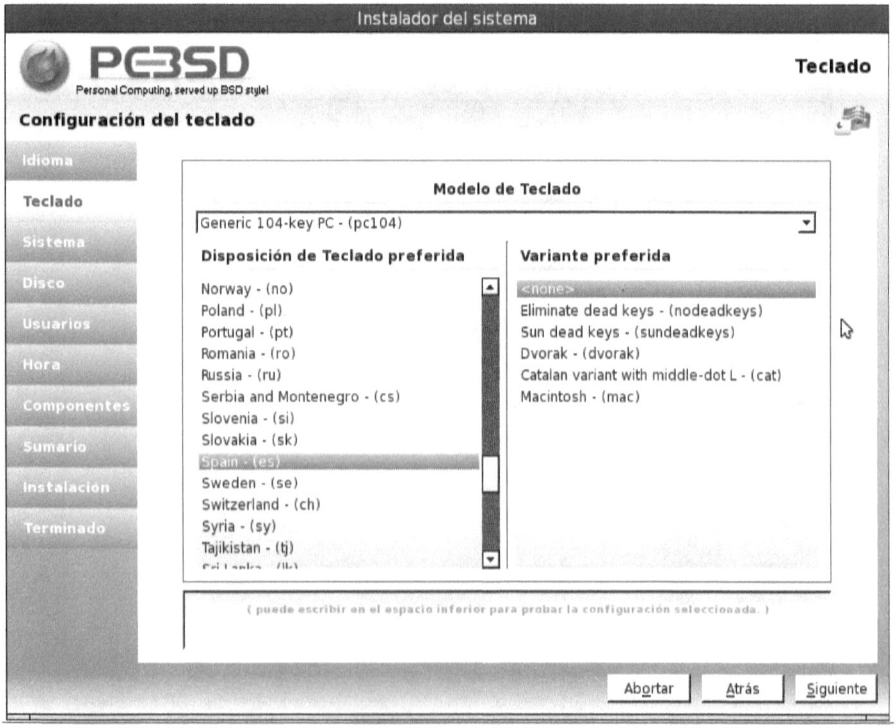

Ahora el instalador presenta varias **opciones de instalación**. Se puede optar por realizar una instalación limpia (nueva), una actualización, o por la restauración del sistema a un estado anterior.

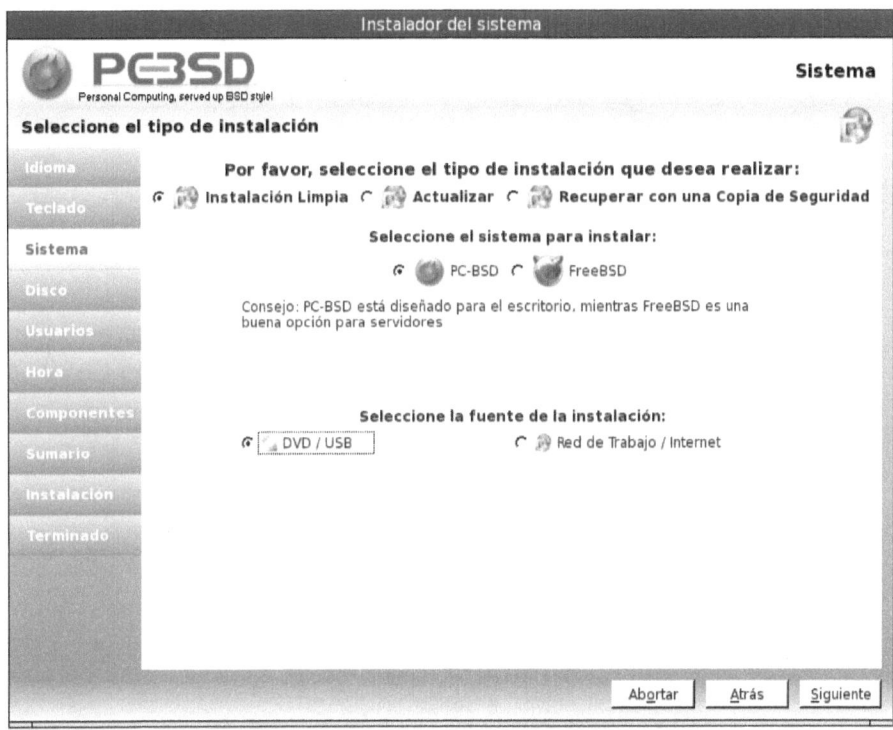

Llama la atención la posibilidad de escoger entre instalar el sistema de escritorio (*desktop*) **PC-BSD** o el servidor (*server*) **FreeBSD**. Visto de otra manera, el instalador de PC-BSD 8.1 también se convierte en un sencillo instalador gráfico para un sistema servidor de FreeBSD 8.1.

El último conjunto de opciones es el origen de la instalación. Para esta guía, se utilizará instalación nueva desde una imagen ISO de DVD para plataformas de 32 bits, previamente descargada desde el sitio oficial de descargas.

Aunque no los veamos, se adjunta imagen de las otras posibles instalaciones.

Instalador del sistema

PC·BSD
Personal Computing, served up BSD style!

Sistema

Seleccione el tipo de instalación

Idioma	
Teclado	
Sistema	
Disco	
Usuarios	
Hora	
Componentes	
Sumario	
Instalación	
Terminado	

Por favor, seleccione el tipo de instalación que desea realizar:

○ Instalación Limpia ● **Actualizar** ○ Recuperar con una Copia de Seguridad

Seleccione el sistema para actualizar:

ad0s1a: FreeBSD 7.2 (702103) (32bit)

☐ Mantener la configuración actual del escritorio del usuario

Seleccione la fuente de la instalación:

● DVD / USB ○ Red de Trabajo / Internet

Abortar | Atrás | Siguiente

Instalador del sistema

PC·BSD
Personal Computing, served up BSD style!

Sistema

Seleccione el tipo de instalación

Idioma	
Teclado	
Sistema	
Disco	
Usuarios	
Hora	
Componentes	
Sumario	
Instalación	
Terminado	

Por favor, seleccione el tipo de instalación que desea realizar:

○ Instalación Limpia ○ Actualizar ● **Recuperar con una Copia de Seguridad**

Registra tus configuraciones de la copia de seguridad para rsync:

Nombre del Host [   ]
Nombre de Usuario [   ]
Puerto [22 ⇅]

Seleccione la fuente de la instalación:

○ DVD / USB ● Red de Trabajo / Internet

Interfaz de Red [AUTO-DHCP ▼]
Dirección IP [.   .   .   ]
Máscara de Red [.   .   .   ]
Servidor de Nombres (DNS) [.   .   .   ]
Puerta de Enlace [.   .   .   ]

Abortar | Atrás | Siguiente

A continuación debemos escoger **dónde se instalará PC-BSD**. El instalador hace que sea muy fácil para los nuevos usuarios al haber una opción de "Auto Partición" o "partición de forma automática".

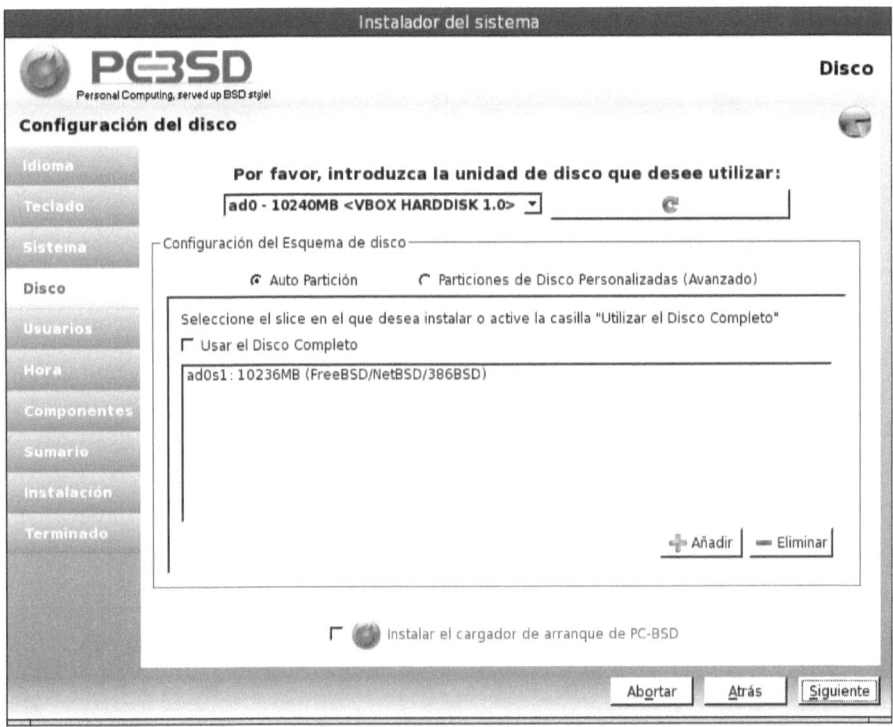

Si escoge la auto-partición, el instalador creará las siguientes cuatro particiones: una partición principal para el sistema de ficheros raíz (*root filesystem*) de unos 2 GB, una de intercambio (*swap*) de aproximadamente el doble de la RAM instalada, una tercera partición de 1 GB para /var, y a la última partición para /usr se le asigna el resto del espacio libre en disco. El sistema de ficheros predeterminado es UFS+S.

Otros tipos de sistemas de ficheros están disponibles si se elige la opción "Particiones de disco personalizado" las opciones son UFS, UFS+J y ZFS.

Si está realizando una instalación independiente o si PC-BSD es el segundo sistema operativo en una configuración de arranque dual, asegúrese de instalar el **gestor de arranque** de PC-BSD (*bootloader*) haciendo clic en la casilla de verificación junto a "Instalar el cargador de arranque de PC-BSD".

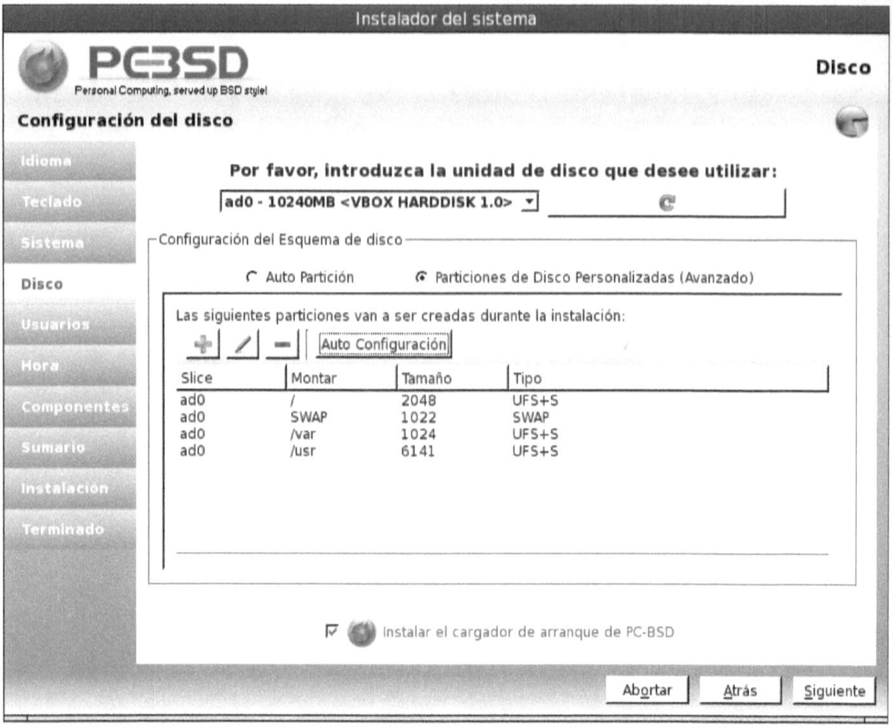

Instalador del sistema

PC-BSD
Personal Computing, served up BSD style!

Disco

Configuración del disco

Idioma

Teclado

Sistema

Disco

Usuarios

Hora

Componentes

Sumario

Instalación

Terminado

Por favor, introduzca la unidad de disco que desee utilizar:

ad0 - 10240MB <VBOX HARDDISK 1.0> ▾

Configuración del Esquema de disco

○ Auto Partición   ⦿ Particiones de Disco Personalizadas (Avanzado)

Las siguientes particiones van a ser creadas durante la instalación:

➕ ✏ ➖ Auto Configuración

Slice	Montar	Tamaño	Tipo
ad0	/	2048	UFS+S
ad0	SWAP	1022	SWAP
ad0	/var	1024	UFS+S
ad0	/usr	6141	UFS+S

☑ Instalar el cargador de arranque de PC-BSD

Abortar   Atrás   Siguiente

Ahora viene un paso importante, la **creación de cuentas de usuario**.

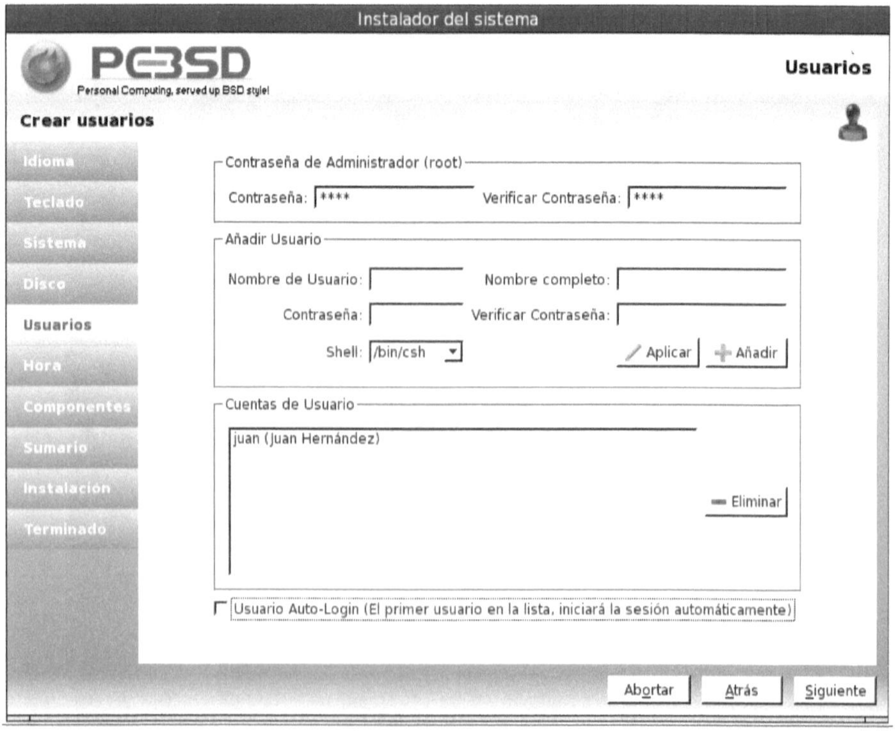

Instalador del sistema

PC-BSD
Personal Computing, served up BSD style!

Usuarios

Crear usuarios

Idioma

Teclado

Sistema

Disco

Usuarios

Hora

Componentes

Sumario

Instalación

Terminado

Contraseña de Administrador (root)

Contraseña: ****   Verificar Contraseña: ****

Añadir Usuario

Nombre de Usuario: [   ]   Nombre completo: [   ]

Contraseña: [   ]   Verificar Contraseña: [   ]

Shell: /bin/csh ▾   ✏ Aplicar   ➕ Añadir

Cuentas de Usuario

juan (Juan Hernández)

➖ Eliminar

☐ Usuario Auto-Login (El primer usuario en la lista, iniciará la sesión automáticamente)

Abortar   Atrás   Siguiente

Al igual que todos los *BSD y muchas distribuciones GNU/Linux, PC-BSD crea la tradicional cuenta de administrado (*super usuario* o root) de los sistemas UNIX, y una o más cuentas de usuario normal.

Además de establecer la contraseña de la cuenta de root, hay que crear al menos una cuenta de usuario. Otras cuentas pueden ser añadidas después de la instalación. Escriba la información de la cuenta de usuario, elija una *shell* (consola) y haga clic en el botón "Añadir" para crearla. Tenga en cuenta que la *shell* por defecto es la *shell* C (`/bin/csh`).

Si proviene de Linux, estará más familiarizado con la *shell* bash, (*Bourne Again Shell*), siendo recomendable elegir `/usr/local/bin/bash`.

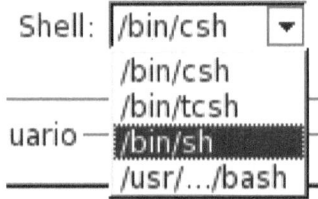

Desactive la casilla de verificación de "Usuario Auto-Login." La activación automática de sesión de usuario es una mala práctica de seguridad. O acaso pretende bajar el nivel de seguridad física.

Ahora hay que **configurar la zona horaria**.

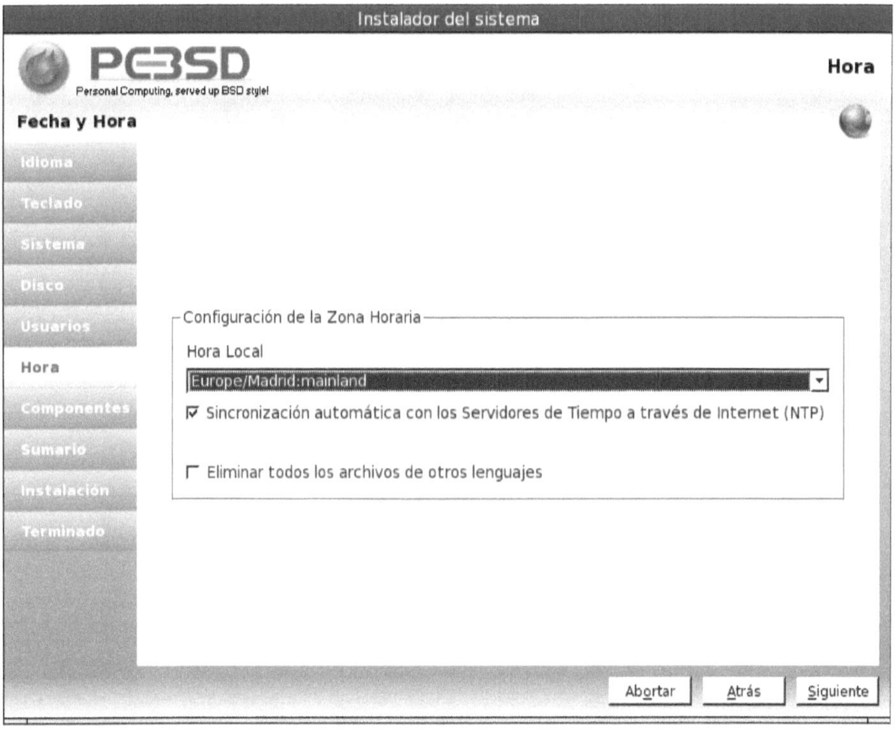

![Instalador del sistema - Fecha y Hora. PC-BSD. Configuración de la Zona Horaria: Hora Local Europe/Madrid:mainland. Sincronización automática con los Servidores de Tiempo a través de Internet (NTP). Eliminar todos los archivos de otros lenguajes.]

El *Network Time Protocol* (NTP), esto es, la sincronización automática de la fecha y hora a través de Internet. De forma predeterminada NTP está habilitado.

Poco antes de completar la instalación, hay que seleccionar **qué componentes adicionales queremos instalar** en el sistema operativo.

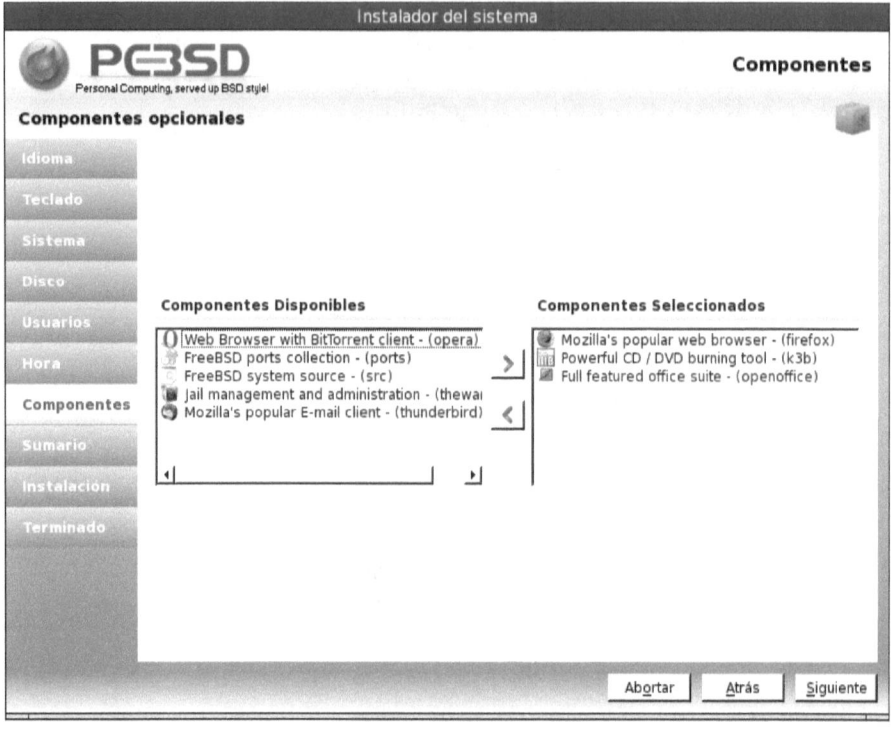

En mi opinión, algunas de las aplicaciones son esenciales más que opcionales; entre ellas, K3b, OpenOffice.org y Firefox. En todo caso, seleccione los componentes de la lista de la izquierda y haga clic en la flecha azul para moverlos a la sección de "Componentes seleccionados". Elija tantos componentes como sea necesario.

A continuación se nos muestra un **sumario** con las opciones **de instalación** escogidas hasta el momento.

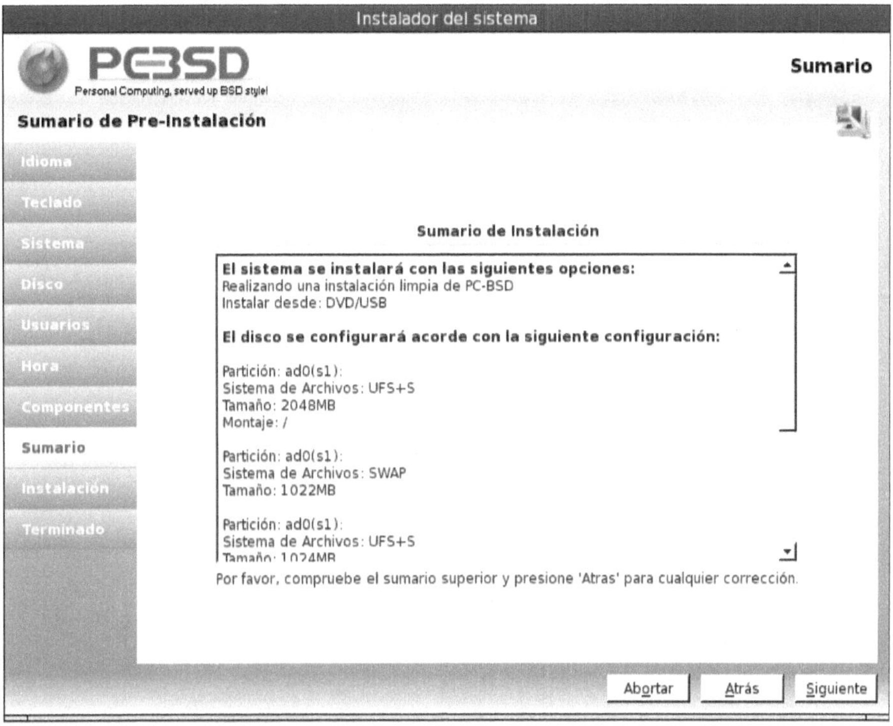

Instalador del sistema

PC-BSD
Personal Computing, served up BSD style!

Sumario

Sumario de Pre-Instalación

Idioma

Teclado

Sistema

Disco

Usuarios

Hora

Componentes

Sumario

Instalación

Terminado

Sumario de Instalación

El sistema se instalará con las siguientes opciones:
Realizando una instalación limpia de PC-BSD
Instalar desde: DVD/USB

El disco se configurará acorde con la siguiente configuración:

Partición: ad0(s1):
Sistema de Archivos: UFS+S
Tamaño: 2048MB
Montaje: /

Partición: ad0(s1):
Sistema de Archivos: SWAP
Tamaño: 1022MB

Partición: ad0(s1):
Sistema de Archivos: UFS+S
Tamaño: 1024MB

Por favor, compruebe el sumario superior y presione 'Atras' para cualquier corrección.

Abortar   Atrás   Siguiente

Una vez estemos conformes, pulsamos el botón "Siguiente".

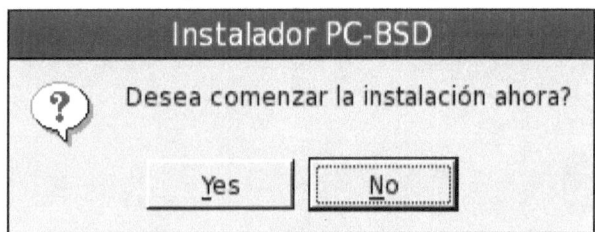

Pulse el botón "Yes"… La instalación está ahora en progreso.

Relájese, sea paciente y espere esto lleva su tiempo. El proceso de instalación normal tarda aproximadamente entre 20-40 minutos.

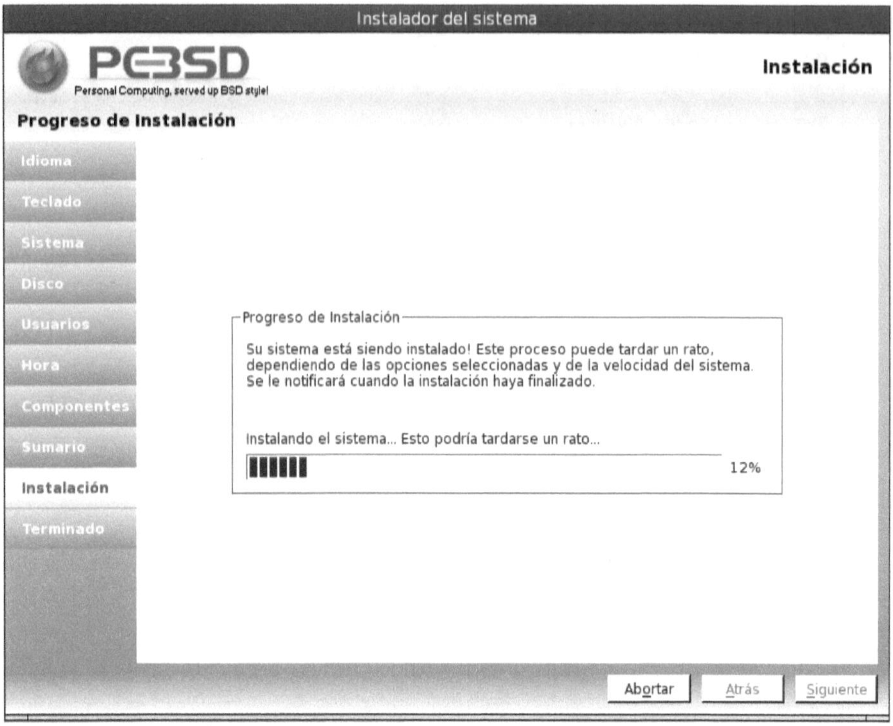

La instalación se ha completado, ya tiene PC-BSD 8.1. instalado.

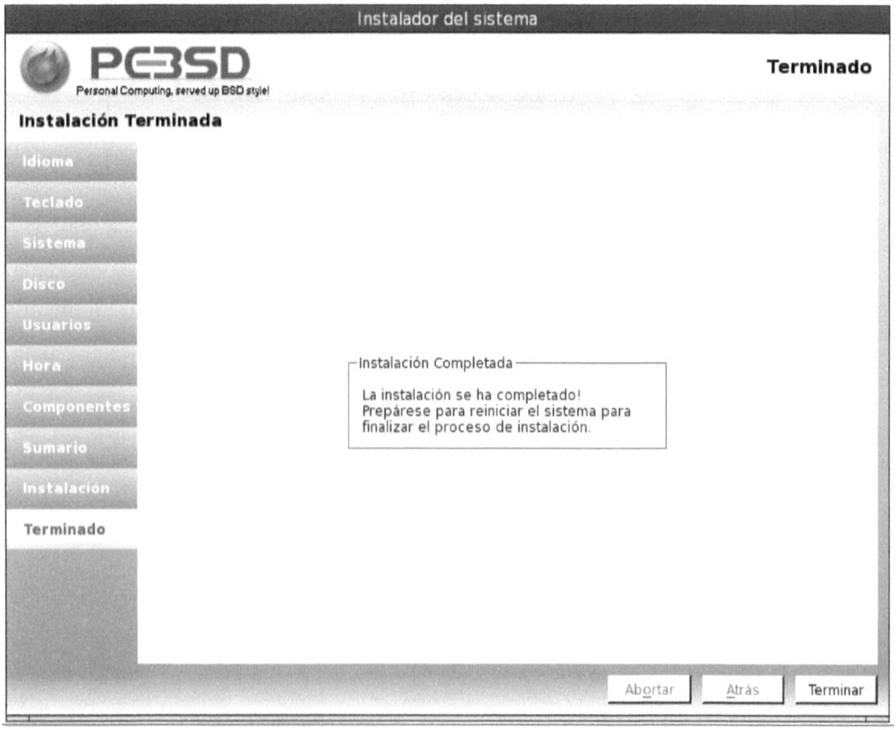

Remueva el CD/DVD de instalación, haga clic en "Terminar" para reiniciar.

23.2.2. El primer arranque

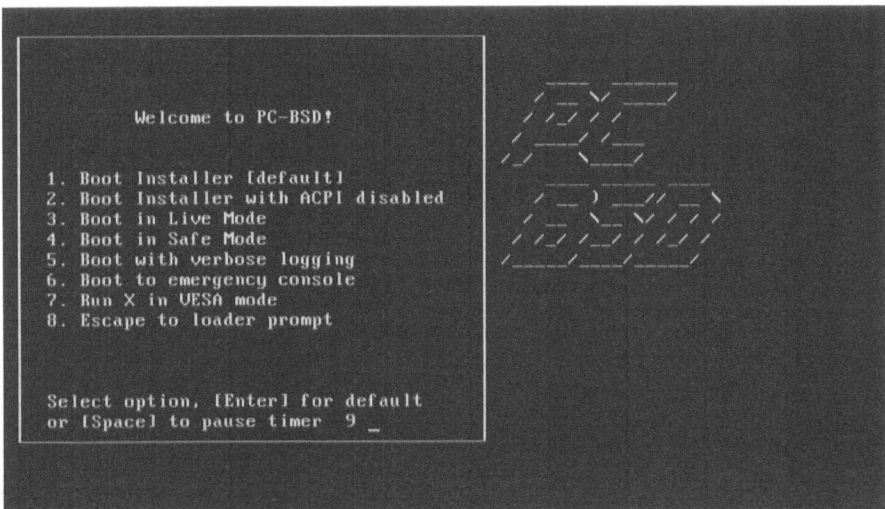

Reiniciamos el equipo hasta hacer aparecer nuevamente el menú de texto arriba mostrado. De nuevo, tenemos 10 segundos para elegir, aunque con **la opción por defecto** es suficiente para arrancar el sistema. De nuevo, se muestra un discreto *bootsplash* con el nombre del sistema operativo.

Por ser el primer arranque de nuestro **PC-BSD**, debemos configurar la resolución de la pantalla.

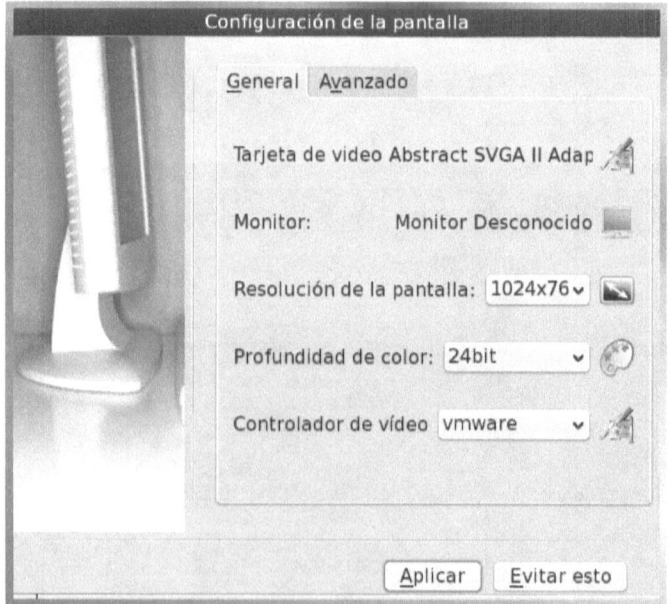

Iniciamos sesión desde el KDM:

23.2.3. El escritorio es KDE

El escritorio de por defecto en PC-BSD es KDE. A partir de aquí será tan capaz de usar la potencia de **KDE** como en cualquier otra distribución GNU/Linux, con algunas pequeñas diferencias relacionadas con la gestión de paquetes y otros aspectos que no interesan mucho a un usuario con perfil no técnico.

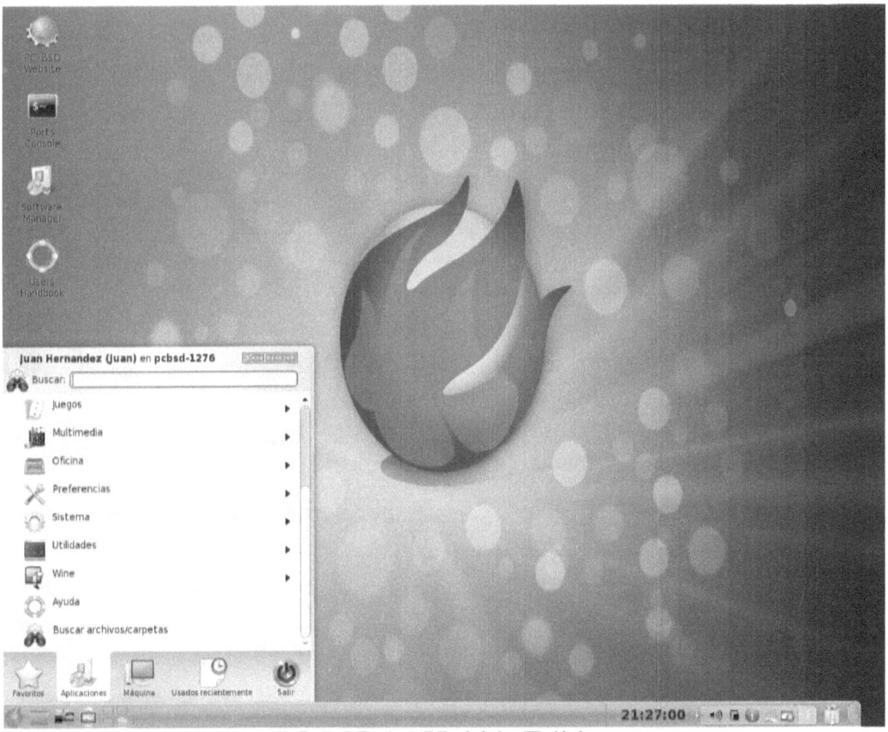

PC-BSD 8.1 Hubble Edition

24.   Bibliografía

- Base de información del proyecto PC-BSD. http://faqs.pcbsd.es/

- Blog The::Beastieux. http://saforas.wordpress.com/category/bsd/pc-bsd/

- Buscador Google para los sistemas operativos BSD. http://www.google.com/bsd

- Documentación de PC-BSD. http://docs.pcbsd.org/

- Enciclopedia libre Wikipedia. http://es.wikipedia.org/

- Espacio web LinuxBSDos. http://www.linuxbsdos.com/

- Espacio web Planeta BSD. http://www.planetabsd.es/

- Espacio web sobre noticias, análisis, capturas de pantalla, informaciones de actualización, lanzamientos o desarrollos, y ranking de popularidad, sobre las distribuciones de los sistemas operativos *BSD*, *BSD*, *Solaris* y sus derivados. http://distrowatch.com/

- Espacio web VivaBSD!. http://www.vivabsd.com.ar/

- Foros de la comunidad hispana de PC-BSD. http://forums.pcbsd.org/viewforum.php?f=41

- Historia de Unix. http://www.levenez.com/unix/

- Magazine BSD. http://bsdmag.org/

- Manual de FreeBSD. http://www.freebsd.org/doc/es_ES.ISO8859-1/books/handbook/index.html

- Támara Patiño, Vladimir. (2009), "La distribución Aprendiendo de Jesús de OpenBSD como Sistema de Escritorio" [en línea]. Versión 4.4. Disponible en: http://structio.sourceforge.net/guias/usuario_OpenBSD/ [Consulta: 11 octubre 2009]

- Wikilibros, la colección de libros de texto de contenido libre: http://es.wikibooks.org/wiki/Portada

25. Glosario de términos

Código abierto (en inglés ***open source***). Término con el que se conoce al software distribuido y desarrollado libremente. Fue utilizado por primera vez en 1998 por algunos usuarios de la comunidad del software libre, tratando de usarlo como reemplazo al ambiguo nombre original en inglés del software libre (*free software*).

Entorno de escritorio es un conjunto de software para ofrecer al usuario de una computadora una interacción amigable y cómoda. Cada entorno de escritorio se distingue por su aspecto y comportamiento particulares. El primer entorno moderno de escritorio que se comercializó fue desarrollado por Xerox en los años 1980. Actualmente el entorno más conocido es el ofrecido por la familia Windows aunque existen otros como los de Macintosh (Classic y Cocoa) y de código abierto como GNOME, KDE, CDE, Xfce o LXDE.

GNU/Linux (o sus variantes *GNU con Linux* y *GNU+Linux*). Uno de los términos empleados para referirse a la combinación del núcleo o *kernel* libre similar a Unix denominado **Linux**, que es usado con herramientas de sistema GNU. Su desarrollo es uno de los ejemplos más prominentes de software libre; todo su código fuente puede ser utilizado, modificado y redistribuido libremente por cualquiera bajo los términos de la GNU GPL y otras licencias libres.

GTK+. Kit de herramientas multiplataforma para la creación de interfaces gráficos. En sus comienzos fue creado para ser utilizado por GIMP (de ahí su nombre Gimp ToolKit), aunque ahora es utilizado por otros muchos programas, entre ellos el escritorio GNOME de algunas distros Linux.

KDE (*K Desktop Environment* o *Entorno de Escritorio K*, es un entorno de escritorio e infraestructura de desarrollo para sistemas Unix/BSD.
De acuerdo con su página web, *«KDE es un entorno de Escritorio contemporáneo para estaciones de trabajo Unix. KDE llena la necesidad de un escritorio amigable para estaciones de trabajo Unix, similar a los escritorios de MacOSX o Windows»*.[95]
La mascota del proyecto es un pequeño dragón llamado Konqi.

Licencia BSD. Licencia de software otorgada principalmente para los sistemas BSD (*Berkeley Software Distribution*). Es una licencia de software libre permisiva como la licencia de OpenSSL o la MIT License. Tiene menos restricciones en comparación con otras como la GPL estando muy cercana al dominio público. La licencia BSD al contrario que la GPL permite el uso del código fuente en software no libre. Es muy similar en efectos a la licencia MIT.

---

[95]   http://www.kde.org/whatiskde/

Licencia Común de Desarrollo y Distribución (en inglés *Common Development and Distribution License* o **CDDL**) Licencia de código abierto (OSI) y libre, producida por Sun Microsystems, basada en la Mozilla Public License o MPL. Según la OSI, la CDDL, es una de las nueve licencias más populares, mundialmente usadas o con fuertes comunidades.

Como la CDDL fue derivada de la MPL, hay quien afirma que no es compatible con la GNU/GPL. La Free Software Foundation afirma que se trata de una licencia libre pero incompatible con GNU/GPL debido a algunos detalles.

Licencia Común de Reconocimiento Público (en inglés *Common Public Attribution License* o **CPAL**) Licencia de software libre aprobada por la Open Source Initiative en 2007. Su propósito es ser una licencia para software distribuido a través de una red. Se basa en la licencia pública de Mozilla.

Licencia MIT. Una de tantas licencias de software empleadas por el MIT (*Massachusetts Institute of Technology*), y quizás debería llamarse más correctamente **licencia X11**, ya que es la licencia que llevaba este software (el Sistema gráfico X Window System originario del MIT en los años 80).

El texto de la licencia no tiene *copyright*, lo que permite su modificación. No obstante, muchas veces dentro del *Open Source* desaconsejan su uso, a no ser que se indique que es una modificación, y no la versión original.

Licencia Pública de Mozilla (en inglés *Mozilla Public License* o **MPL**) Licencia de código abierto y software libre. Desarrollada originalmente por Netscape Communications Corporation, más tarde su control fue traspasado a la Fundación Mozilla.

Si bien cumple completamente con la definición de software de código abierto de la Open Source Initiative (OSI) y con las cuatro libertades del software libre enunciadas por la Free Software Foundation (FSF), la licencia MPL deja abierto el camino a una posible reutilización no libre del software, si el usuario así lo desea, sin restringir la reutilización del código ni el relicenciamiento bajo la misma licencia.

Licencia Pública General de GNU (en inglés *GNU General Public License* o **GNU GPL**) Licencia creada por la Free Software Foundation a mediados de los 80, orientada principalmente a proteger la libre distribución, modificación y uso de software. Su propósito es declarar que el software cubierto por esta licencia es software libre y protegerlo de intentos de apropiación que restrinjan esas libertades a los usuarios.

Mac OS (*Macintosh Operating System*, o *Sistema Operativo de Macintosh*). Es el sistema operativo creado por Apple Inc. para su línea de computadoras Macintosh. Es conocido por haber sido el primer sistema dirigido al gran público en contar con una interfaz gráfica compuesta por la interacción del *mouse* con ventanas, iconos y menús.

Mac OS X es, desde 2002, el sucesor del Mac OS 9 (la versión final del Mac OS Classic), el sistema operativo de Apple desde 1984. Está basado en UNIX, y se construyó sobre las tecnologías desarrolladas en NeXT entre la segunda mitad de los 80's y finales de 1996, cuando Apple adquirió esta compañía. Desde la versión Mac OS X 10.5 Leopard para procesadores Intel, el sistema tiene la certificación UNIX 03.

Menú contextual. Al hacer clic con el botón secundario el ratón se abre un menú con todas las opciones importantes en una situación determinada. Este menú contextual hace más fácil la búsqueda de los elementos de programas y el acceso a las opciones que se pueden realizar.

Microsoft Windows. Son una serie de sistemas operativos desarrollados por Microsoft desde 1981, año en que el proyecto se denominaba "*Interface Manager*". Anunciado en 1983, Microsoft comercializó por primera vez el entorno operativo denominado *Windows* en noviembre de 1985 como complemento para MS-DOS, en respuesta al creciente interés del mercado en una interfaz gráfica de usuario (GUI). En octubre de 2009, Windows tenía aproximadamente el 91% de la cuota de mercado de sistemas operativos en equipos cliente que acceden a Internet. La versiones más recientes de Windows son Windows 7 para equipos de escritorio, Windows Server 2008 R2 para servidores y Windows Mobile 6.5 para dispositivos móviles.

Proyecto GNOME (*G*NU *Network Object Model Environment*). Surgió en agosto de 1997como una alternativa a KDE. Provee dos cosas: El entorno de escritorio GNOME, un intuitivo y atractivo gestor de ventanas para usuarios, y la plataforma de desarrollo de GNOME, un extenso marco para la construcción de aplicaciones que se integran con el resto del escritorio.

Software libre (en inglés *free software*, aunque en realidad esta denominación también puede significar gratis, y no necesariamente libre). Es la denominación del software que respeta la libertad de los usuarios sobre su producto adquirido y, por tanto, una vez obtenido puede ser usado, copiado, estudiado, cambiado y redistribuido libremente. Según la *Free Software Foundation*,[96] el software libre se refiere a la libertad de los usuarios para ejecutar, copiar, distribuir, estudiar, cambiar y mejorar el software; de modo más preciso, se refiere a cuatro libertades de los usuarios del software: la libertad de usar el programa, con cualquier propósito; de estudiar el funcionamiento del programa, y adaptarlo a las necesidades; de distribuir copias, con lo cual se puede ayudar a otros y de mejorar el programa y hacer públicas las mejoras, de modo que toda la comunidad se beneficie (para la segunda y última libertad mencionadas, el acceso al código fuente es un requisito previo)

---

[96] Disponible en: http://www.gnu.org/philosophy/free-sw.es.html

Mapa conceptual del software libre[97]

El software libre suele estar disponible gratuitamente, o al precio de costo de la distribución a través de otros medios; sin embargo no es obligatorio que sea así, por lo tanto no hay que asociar software libre a "software gratuito" (denominado usualmente *freeware*), ya que, conservando su carácter de libre, puede ser distribuido comercialmente ("software comercial").

El "software de dominio público" es aquel que no requiere de licencia, pues sus derechos de explotación son para toda la humanidad, porque pertenece a todos por igual. Cualquiera puede hacer uso de él, siempre con fines legales y consignando su autoría original. Este software sería aquel cuyo autor lo dona a la humanidad o cuyos derechos de autor han expirado, tras un plazo contado desde la muerte de este. Si un autor condiciona su uso bajo una licencia, por muy débil que sea, ya no es del dominio público.

Unix (registrado oficialmente como **UNIX®**). Un sistema operativo portable, multitarea y multiusuario; desarrollado, en principio, en 1969 por un grupo de empleados de los laboratorios Bell de AT&T, entre los que figuran Ken Thompson, Dennis Ritchie y Douglas McIlroy.

Sólo los sistemas totalmente compatibles y que se encuentran certificados por la especificación *Single UNIX Specification* pueden ser denominados "UNIX®" (otros reciben la denominación "similar a un sistema Unix" o "similar a Unix").

---

[97] Disponible en http://bulma.net/body.phtml?nIdNoticia=2528